欧洲至暗时刻

EUROPE

"一战"为何爆发及战后如何重建

〔英〕罗伯特·巴尔曼·莫厄特——著

吴赵萍——译

1878—1923

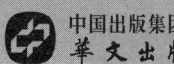

华文出版社

图书在版编目（CIP）数据

欧洲至暗时刻：1878—1923："一战"为何爆发及战后如何重建 /（英）罗伯特·巴尔曼·莫厄特著；吴赵萍译. —— 北京：华文出版社，2020.9

（华文全球史）

ISBN 978-7-5075-5324-6

Ⅰ.①欧… Ⅱ.①罗… ②吴… Ⅲ.①欧洲—历史—近现代 Ⅳ.①K504

中国版本图书馆CIP数据核字(2020)第116991号

欧洲至暗时刻（1878—1923）："一战"为何爆发及战后如何重建

作　　者：	[英] 罗伯特·巴尔曼·莫厄特
译　　者：	吴赵萍
选题策划：	华盛章世
插图供应：	029—85504182
责任编辑：	杨荣刚　魏丹丹
出版发行：	华文出版社
社　　址：	北京市西城区广外大街305号8区2号楼
邮政编码：	100055
网　　址：	http：//www.hwcbs.com.cn
电　　话：	总编室010—58336239
	发行部010—58336212
经　　销：	新华书店
印　　刷：	三河市国英印务有限公司
开　　本：	710×1000　1/16
印　　张：	21.5
字　　数：	300千字
版　　次：	2020年9月第1版
印　　次：	2020年9月第1次印刷
标准书号：	ISBN 978-7-5075-5324-6
定　　价：	90.00元

版权所有　侵权必究

出版前言

随着中国开放的大门越开越大，关注世界各国尤其是西方国家文明的源流、发展和未来已经成为当下世界史研究的一个热点。为了成系统地推出一套强调"史源性"且在现有世界史出版物中具有拾遗补阙价值的作品，我们经过认真论证，推出了"华文全球史"系列，首次出版约一百个品种。

"华文全球史"系列从书目选择到译者的确定，从书稿中图片的采用到人名地名的规范，都有比较严格的遴选规定、编审要求和成稿检查，目的就是要奉献给读者一套具有学术性、权威性和高质量的世界史系列图书。

书目的选择。本系列图书重视世界史学科建设，视角宽阔，层级明晰，数量均衡，有所突出。计划出版的"华文全球史"中，既有通史，也有专题史，还有回忆录，基本上是世界历史著作中的上乘之作，填补了国内同类作品出版的空白。

人名地名规范。本系列图书中人名地名，翻译规范，重视专业性。在人名翻译方面，我们坚持"姓名皆全"的原则，加大考据力度，从而实现了有姓必有名，有名必有姓，方便了读者的使用。在注释方面，书中既有原书注，完整地保留了原著中的注释；也有译者注，体现了译者的研究性成果。

书中的插图。本系列图书的一个重要特点是书中都有功能性插图，这些插图全方位、多层次、宽视角反映当时重大历史事件，或与事件的场景密切相关，涉及政治、军事、经济、社会、外交、人物、地理、民俗、生活等方面的绘画作品与摄影作品。功能性插图与文字结合,赋予文字视觉的艺术,丰富了文字的内涵。

译者的确定。本系列图书的翻译主要凭借的是一个以大学教师为主的翻译团队,团队中不乏知名教授和相关领域的资深人士。他们治学严谨,译笔优美,为确保质量奉献良多。

"华文全球史"系列作为一套具有较高学术价值的优秀的世界历史丛书,对增加读者的知识,开阔读者的视野,具有积极的意义。同时要看到,一方面很多西方历史学家的观点符合事实,另一方面不少西方历史学家的观点是错误的,对于这些,我们希望读者不要不加分析地全盘接受或全盘否定,而是要批判地吸收外国文化中有益的东西。

华文出版社

2019年8月

目 录

001　第 1 章
　　　德 国

017　第 2 章
　　　法兰西第三共和国

051　第 3 章
　　　德国威廉二世统治时期

075　第 4 章
　　　欧洲各国的状况

143　第 5 章
　　　巴尔干问题

169　第 6 章
　　　三国同盟与三国协约

183　第 7 章
　　　充满危机的年代：1905 年至 1914 年

193	**第 8 章** 世界大战
225	**第 9 章** 战时世界
241	**第 10 章** 巴黎和会
261	**第 11 章** 实行共和宪政的新德国
281	**第 12 章** 法西斯主义与国际联盟
309	大事年表
313	参考文献
315	译名对照表

第 1 章

德 国

新德国 1878年至1900年，欧洲影响力最大的国家无疑是德国。此时，德国不仅军事实力强大，而且技术能力高超。新时代开始时，德国统一已经七年，根基已经稳固。由于不需要在欧洲继续扩张领土，德国进入了工业发展与商业扩张的大时代。

总体来看，统一前后，德国实施自由贸易政策。国家征收关税较少。1878年前后，德国著名首相奥托·冯·俾斯麦决定实施"强力贸易保护政策"。"强力贸易保护政策"对德国内政外交均产生了重大影响。在诸多因素中，1878年的"强力贸易保护政策"成为德国历史的分界线。1878年标志着德国旧历史时代的终结与新历史时代的开始。1878年不仅在德国历史上至关重要，而且对于整个欧洲历史意义非凡。

德国政党 在德国历史上，1878年之所以如此重要，不仅因为德国从一个自由贸易的国家转变为实施贸易保护的国家，而且因为伴随贸易政策改变，德国自由党不再对国家事务产生任何实际影响。1878年的德国政界虽然政党林立，但主要有三大政党：保守党、自由党和社会民主党。德国三大政党与英国相应政党完全不同。德国保守党成员多数是贵族，既有大贵族（侯爵、伯爵、子爵和男爵），也有被称作"冯某某"的小贵族或乡绅。贵族主张建立强大的帝国，组建大军，用严格的法律约束臣民。以贵族为首的保守党反对民主，主张实行君主专政而非君主立宪。保守党认为，君主行事，只要有利于天下，无须听从内阁建议。

自由党成员主要来自中产阶级，大多是教授、教师、医生、律师与记者。自由党中也有接受过大学自由思想教育的贵族。自由党的主张与保守党不同。自由党渴望国家实行君主立宪而非君主专制。自由党希望，像英国一样，君主按照内阁提议行事，内阁成员来自帝国议会大选中凭多数票当选的政党。这种政府体系被称作"责任政府制"。1848年至1849年，法兰克福国民议会召开期间，自由党①力促国家实行君主立宪制。然而，自由党的一番努力最后无果而终。

社会民主党成员主要来自工人阶级。社会民主党的主张源自卡尔·马克思著作。然而，并非所有社会民主党人均主张废除私有制。只有像卡尔·李卜

卡尔·马克思

---

① 俗称"国民自由党"。——原注

卡尔·李卜克内西

克内西这样的极端马克思主义者,才极力主张废除私有制。极端马克思主义者与后来的斯巴达克主义者、俄国布尔什维克的主张一致。然而,其他德国社会民主党人仅仅希望修订劳动法案,并在政治上获得一定影响力。德国社会民主党更像英国工党。甚至从许多方面来看,德国社会民主党与英国自由党也有相似之处。

贸易保护政策 1878年,当决定实施"强力贸易保护政策"时,德国首相奥托·冯·俾斯麦不得不与主张贸易自由的德国自由党决裂,同保守党结盟。作为地主阶级代表,保守党人不仅坚决支持"强力贸易保护政策",而且特别

奥托·冯·俾斯麦

强调农业方面的贸易保护。与此同时,奥托·冯·俾斯麦采取多项措施确保社会民主党支持贸易政策与君主专制。于是,帝国议会通过了安抚工人的系列措施,比如出台了多项与工人疾病保险、意外事故保险相关的法律规定。

一方面,奥托·冯·俾斯麦的"强力贸易保护政策"让地主阶级受益,从而得到了贵族、乡绅的支持。另一方面,贸易保护政策排除了国外竞争,稳定了国内市场,从而得到了制造商与工业资本家支持。此外,贸易保护政策配合"社会改良"计划——比如意外保险计划和养老金计划,得到了工人阶级支持。然而,"强力贸易保护政策"也造成了德国统治阶级(贵族和乡绅)与资产阶级自由派的决裂。德国自由党既失去了政府支持,也失去了在公共事务方面的影响力。随着德国政府"专制"态度越来越强硬,自由党大批精英失去了为国家服务的机会。

1900年之前,甚至连同之后的一段时期,德国一直非常繁荣。1870年至1871年普法战争后,德国获得法国五十亿法郎(两亿英镑)战争赔款。德国政府将部分赔款用于修建军事要塞,部分用于偿还国家公债。1879年,随着《大海关法》出台,德国建立起全面的工业贸易保护体系。贸易保护政策减少了但不可能绝对排除国外竞争,同时必定会抬高国内商品价格。事实上,贸易保护政策得到了大制造商与农业资本家的拍手称赞。

交通运输　与此同时,德国政府大力解决交通问题进一步刺激了贸易。铁路事务与运河事务不是由帝国政府负责,而是由各邦国负责。普鲁士是德国最大邦国。普鲁士国王即德意志皇帝。因此,普鲁士的政策实际上是帝国的政

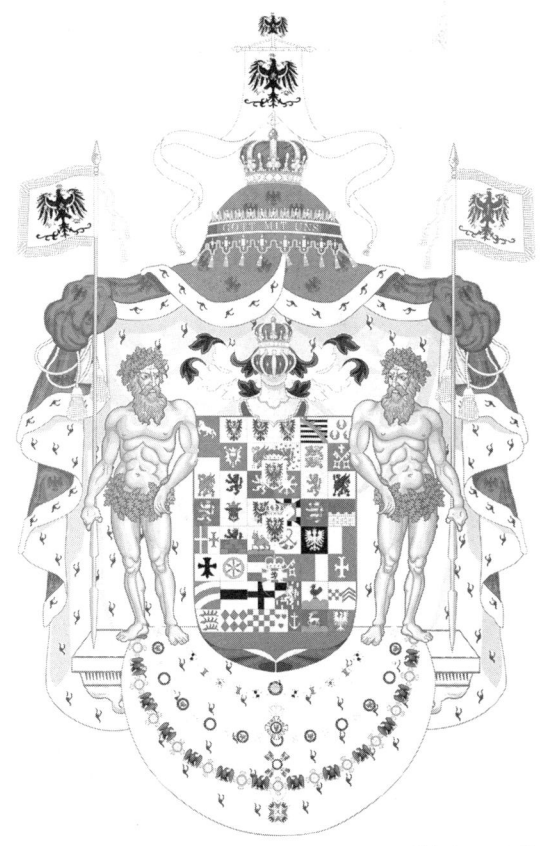

普鲁士王国国徽

策。1880年至1890年，普鲁士政府决定收购普鲁士铁路所有权。之前，普鲁士铁路归几家公司所有。事实上，普鲁士政府的举措影响了整个德国，其他邦国很快竞相效仿。

普鲁士人一向以办事高效而著称。在政府管理方面，与英国政府办事的低效形成鲜明对比，普鲁士政府与帝国政府管理非常成功。德国铁路运输不仅速度快，而且既准时，价格又低廉。正是因为采用独家管理模式，德国铁路无须费时与各家公司或股东协商，便能有效服务各地区、各行业的发展需要。

与铁路一样，运河也归国家所有。德国主要运河为连接北海与波罗的海的基尔运河。基尔运河开凿于1887年至1895年。其他运河连通了埃姆斯河、莱茵河及德国其他大河。

社会改良法案 "强力贸易保护政策"之下，德国物价奇高，尤其是肉价，比英国高很多。虽然德国工资水平未大幅提升，但工人阶级得到德国政府的特

基尔运河

别照顾。在首相奥托·冯·俾斯麦推动下,1883年与1884年,帝国议会先后通过了《疾病保险法》与《意外事故保险法》。1889年,《退休金计划》获得立法。工人、雇主与国家一起为筹集保障计划所需资金做贡献。虽然政府为工人做了许多事,但工人还得努力付出。德国舆论导向十分明确:不劳无获。

德国殖民地 德国贸易保护体系减少了工业制成品进口,也减少了对外出口,因为进口的支出要通过出口的盈利来补偿。因此,德国实施"强力贸易保护政策"造成了工厂生产过剩。由于国内市场已经饱和,大量商品无法售出,只能亏本倾销到海外市场。为了开拓新市场,原本反对冒险政策的奥托·冯·俾斯麦不得不把目光投向殖民地。奥托·冯·俾斯麦开拓新市场的举措受到海内外热心人士鼎力支持。汉堡和不来梅成为开拓新市场的中心城市,因为港口城市要想发展航运业,必须依靠殖民地。在商业银行方面,法兰克福的地位很重要,它对殖民地风险投资项目产生了浓厚兴趣。1882年,为鼓励创建海外殖

汉堡

民地，德意志殖民协会在法兰克福成立。1883年，不来梅商人F.A.吕德里茨在西南非从霍屯督酋长手中获取安哥拉佩克纳大片土地。安哥拉佩克纳成为德属西南非殖民地。1884年，另一位德国探险家古斯塔夫·纳赫迪加尔博士在西非几内亚沿海的喀麦隆插上了德国国旗。同年，德国还占领了新几内亚部分土地。1888年，德国建立东非殖民地。1899年，德国占领了太平洋南部的萨摩亚群岛。

瓜分非洲 1885年，一场重要会议在柏林召开。欧洲主要国家纷纷派出代表参会。在柏林会议上，各国一致通过：非洲尼日尔河对列强开放自由贸易。

古斯塔夫·纳赫迪加尔博士

瓜分非洲

柏林会议达成一项共识：如果不能实质占据并保护一片土地，任何政府无权宣称该土地为本国殖民地。根据柏林会议形成的共识，英国、法国、德国与比利时四国"瓜分"了非洲大片土地。德国瓜分所得殖民地不仅能为国内生产提供大量原材料，还为德国海外移民提供了适宜土地。不过，多数德国人不想去非洲。总体而言，德国人更喜欢像美国一样繁荣安定的国家。毋庸置疑，德国殖民地极大促进了汉堡和不来梅航运业发展。不来梅的北德劳埃德航运公司及汉堡的汉堡美洲航运公司和沃曼航运公司巨大的蒸汽船，无论在非洲、美洲还是太平洋贸易中，可谓首屈一指。

威廉一世驾崩　正值德国纺织业与航运业蒸蒸日上之时，1888年3月9日，德皇威廉一世驾崩，享年九十一岁。威廉一世是一位品德高尚的皇帝。他生活

不来梅的北德劳埃德航运公司

威廉一世驾崩后的葬礼

简朴，责任感强，尤其重视家庭与友情。威廉一世的儿子腓特烈·威廉·尼克劳斯·卡尔继承了皇位与王位，成为德意志皇帝和普鲁士国王，史称"腓特烈三世"。腓特烈三世与威廉一世很像，少时从军，心地单纯。腓特烈三世娶了英国维多利亚女王的长公主维多利亚公主。在政治上，腓特烈三世所持观点与维多利亚女王相似，与父亲威廉一世和长子威廉有所不同。腓特烈三世倾向于不太专制的统治，思想比较开明。不幸的是，登基之时，腓特烈三世已患不治之

腓特烈·威廉·尼克劳斯·卡尔

维多利亚公主

症。1888年6月15日,腓特烈三世驾崩,仅仅在位三个月。他的长子威廉继位,史称"威廉二世"。年轻的威廉二世不如腓特烈三世开明。他坚信,皇帝作为一国之君,是天降大任之人。因此,处处受制于三朝元老奥托·冯·俾斯麦,他无法容忍。

奥托·冯·俾斯麦下台 1890年3月18日,帝国首相奥托·冯·俾斯麦递交了辞呈。这并非奥托·冯·俾斯麦执政期间第一次提出辞职,只是德皇威廉一世在位时从未批准过。然而,1890年3月20日,德皇威廉二世批准了首相奥托·冯·俾斯麦的辞呈。1890年3月28日,奥托·冯·俾斯麦专程前往墓地拜祭了先皇威廉一世,并在他的陵前留下几朵玫瑰花。

登基后的威廉二世

漫画奥托·冯·俾斯麦下台

C.格兰特·罗伯森在自己的作品《奥托·冯·俾斯麦》第六章中说:"1890年3月29日,即奥托·冯·俾斯麦辞职的第二天,在妻子约翰娜·冯·帕特卡默与儿子赫伯特·冯·俾斯麦陪伴下,离开了柏林。临行前,各国大使、同僚与将军及大批民众在车站为奥托·冯·俾斯麦送行。众人发现,重要人物德皇威廉二世没有现身。在车站,人们未见到他的身影,尤其是前首相奥托·冯·俾斯麦没有看到。当时,威廉二世如果能出现在站台,目睹民众对前首相奥托·冯·俾斯麦是无比敬意,就一定会明白一个道理:虽然一朝天子一朝臣,但对于德国乃至整个欧洲来说,只可能有一个奥托·冯·俾斯麦,可谓举世无双。"

从这一刻起,德皇威廉二世开始自己当家做主。

第 2 章

法兰西第三共和国

1873年之后的法国 1870年9月4日,法兰西第二帝国灭亡,法兰西第三共和国成立。当时,法兰西第三共和国仅仅建立了临时政府。随后几年,法国政府未能确定恢复帝制还是保留共和。1875年末,一切终于尘埃落定。1875年宪法确定法国实行共和制。时至今日,法国依然是共和国。

法国宪法与德国宪法的对比 1875年法国宪法与1871年德国宪法形成鲜明对比。德国宪法从1871年颁布一直沿用至霍亨索伦王朝灭亡。德国实行君主立宪制,普鲁士国王即德意志皇帝。德国实施联邦制,由二十五个独立邦国组成,各邦国实行自治。除此之外,德国还拥有帝国政府直接管辖的"帝国领土"——阿尔萨斯-洛林。德国政府实行非责任制,政府首脑是首相。首相只对帝国皇帝负责,不对帝国议会负责。

1875年法国宪法 根据1875年法国宪法,法国为共和国。总统是国家元首,每七年选举一次。总统任期内,不得进行重新选举。法国总统像英国国王,宪法赋予其有限权力。总统要听取总理与内阁建议,不得干预政府。不过,在紧急情况下,总统可以签订职责范围内的条约。法国是单一制国家。八十七个地方政府(尽管有选举委员会)鲜有自治权,均由中央政府任命行政长官进行管理。总理虽然由总统任命,但只有得到参议院与众议院组成的立法机关——议会——的信任与批准,才能行使职权。也就是说,法国实行的是责任政府制。

因此,法国与德国不同,法国更像英国,拥有责任政府。然而,法国又有别于英国。法国实行的是党派制度,而非政党制度。在英国议会,保守党或自由党,两者其一必定拥有多数票支持。因此,英国内阁由保守党或自由党组成。每隔几年大选过后,议会内部政党平衡经常发生变化。于是,英国内阁成员一般任期为四年。

法国党派制度 法国众议院不是拥有两个政党,而是拥有七个党派(有时更多)。因此,总统必须任命一位内阁总理。内阁总理从众议院七个党派中的四个选出值得信任的人组成内阁。然而,一旦没有进行大选,或者说,国家没有更换元首,四个党派中若有一个不满投反对票,内阁有可能会失去众议院的多数席位。这就意味着法国内阁极不稳定,常常由不同党派联合组建或重组

法国众议院

儒勒·格雷维

而成。1879年至1887年，最后一位连任两届的总统儒勒·格雷维任总统期间，先后出现了十一届内阁。1887年至1894年玛利·弗朗索瓦·萨迪·卡诺任总统期间，先后出现了九届内阁。法国内阁变动频繁，造成国内外政策极不稳定。法国政治深受其扰。

　　波旁宫的法国众议院类似英国下议院，比卢森堡宫的法国参议院权力更大。内阁部长通常由众议院党派成员产生。不同党派通常在主席（大会主席或议会议长）对面半环形坐席的左侧区域或右侧区域分别落座以示区别，故而被称为左翼或右翼。右翼有两派：保王派和波拿巴派。保王派希望由古老的波旁王室或奥尔良王室后裔建立王国统治法国。波拿巴派希望由拿破仑家族后代

彼秀宮

卢森堡宫

建立帝国统治法国。然而，保王派和波拿巴派势力都不够强大，虽然能解散内阁，却无力重新组阁。从1875年到现在，法国历届政府均由左翼主导。

左翼是共和党，共和党各派观点不尽相同。观点最极端的是左翼社会党，但左翼社会党并非共产主义者。观点比较温和的是左翼激进社会党，最后才是左翼激进党。观点接近右翼的是比较保守的党派，有时自称"共和党"。左翼党派数目并不固定，名称不尽相同。作为代表党派，左翼党派很不稳定。各政党的思想各异，所以需要特定党首来确认身份。1878年，莱昂·甘必大和朱尔·阿曼德·杜弗尔做党首时，追随者众多。后来党首乔治·克里孟梭和雷蒙德·普恩加莱同样拥有众多追随者。

朱尔·阿曼德·杜弗尔

雷蒙德·普恩加莱

党首 法国政治家都很长寿。1878年之后,激进社会党的党首是乔治·克里孟梭。新闻记者出身的乔治·克里孟梭不仅言辞激烈,而且笔锋犀利,注定成为法国政坛的一员"虎将"与第一次世界大战的政界名人。信奉新教的夏尔·德·弗雷西内也是一位政界名人。在临时政府执政期间,他一直是莱昂·甘必大的主要助手。1870年9月,法兰西第二帝国垮台后,临时政府在多地发动了反击普鲁士军队的英勇战斗。另一位有影响力的政治家是国际联盟的法国首席代表莱昂·布儒瓦。几年后,雷蒙德·普恩加莱在法国政坛脱颖而出。加布里埃尔·阿诺托是政坛活跃人物。他是一位出身于地主家庭的外交家,1894年至

乔治·克里孟梭

夏尔·德·弗雷西内

莱昂·布儒瓦

加布里埃尔·阿诺托

1898年曾担任法国外交部部长。同时,他还是著名的历史学家,著有《枢机主教黎塞留传》和《当代法国史》。

法国统治阶级 以上都是法兰西第三共和国统治阶级代表人物。众议院议员通常由成年男性普选产生。在这种选举制度下,众议院男性议员几乎是清一色的有一技之长的专门人才。当然,其中还有一些成功商业人士。通常,能够担任总理或内阁部长的议员是有一技之长的专门人才。法国总理乔治·克里孟梭和阿里斯蒂德·白里安是职业记者出身。担任过法国总理与总统的雷蒙德·普恩加莱和埃米勒·弗朗索瓦·卢贝做过职业律师。1895年至1899年,大实业家

阿里斯蒂德·白里安

弗朗索瓦·菲利·福尔

弗朗索瓦·菲利·福尔担任总统,执掌国家大权,实属罕见。土木工程师介于有一技之长的专门人才与商业人士之间,与医生和律师两大职业齐名,颇受法国人敬仰。从事土木工程职业又身居高位的代表人物是法国总统玛利·弗朗索瓦·萨迪·卡诺和夏尔·德·弗雷西内。

法国贵族鲜有从政之人。为了保持尊严,法国贵族通常隐居在巴黎圣日耳曼郊区的深宅大院之内。一旦家道中落,无法在巴黎继续生活,他们就移居图尔、波尔多、鲁昂或者其他行省首府的祖宅。法国贵族参与的公共事务主要局限在慈善事业。不过,1789年法国大革命以来,几个历史悠久的家族曾活跃在法国政坛,比如,卡诺家族不仅出现了著名的1793年公共安全委员会委员,还出现了1887至1894年的法国总统。1831年七月王朝首相、1872年内政部长、1894年的法国总统都出自卡西米尔-佩里耶家族。

三个历史阶段 1878年至1923年,法国历史泾渭分明,分为三个阶段。第一个阶段是1878年至1899年。第二个阶段从1899年至1914年。第三个阶段是1914年至1923年。第一阶段刚好截至19世纪末。其间,几位有远见的内阁部长(几乎都违背法国人民的意愿)毅然决然在海外建立起庞大的殖民帝国。不过,法国在欧洲的声名与势力相对较弱。第二阶段结束于第一次世界大战爆发之前。其间,法国不仅恢复了在欧洲大陆的重要地位,还与俄国和英国建立了亲密关系。第三阶段伴随第一次世界大战而来,法国无可争议地成为整个欧洲最具影响力的国家。

法国总统路易·阿道夫·梯也尔和帕特里斯·德·麦克马洪 1870年灾难性的普法战争结束之初,法国政坛由经验丰富的政治家路易·阿道夫·梯也尔

路易·阿道夫·梯也尔

帕特里斯·德·麦克马洪元帅

主导。路易·阿道夫·梯也尔是法王路易·菲利普一世统治时期的显要人物。1873年,路易·阿道夫·梯也尔辞去总统职务(卒于1877年)。帕特里斯·德·麦克马洪元帅——马真塔战役的胜利者,虽然在色当战役中铩羽而归,但凭着一颗赤子忠心与洞察秋毫的能力当上了总统。1879年1月,帕特里斯·德·麦克马洪辞职,儒勒·格雷维当选总统。

法国总统儒勒·格雷维 律师出身的儒勒·格雷维七十一岁担任总统。他勤奋、睿智,同情外省农民和中产阶级(他本人来自法国东部的汝拉山区),对不安分的巴黎市民没有好感。葡萄产业一直是促进法国经济繁荣的支柱产业。

法军进攻马真塔

法军攻进马真塔

儒勒·格雷维执政期间关注的头等大事与葡萄栽培有关。1875年,法国一千万英亩葡萄树遭遇葡萄根瘤蚜病虫害袭击。政府积极与葡萄种植者合作,花了数年时间才根除葡萄根瘤蚜病。1879年,法国停止从美国进口葡萄树(因疑似有病虫害)。1887年,政府免去铲除老树、种植新树的葡萄庄园主的税收。直到此时,法国葡萄产业才完全走向复兴之路。

法国贸易保护政策 当法国农民为葡萄产业奋战时,政府将法国从一个相对自由的贸易国度转变为实行高度贸易保护政策的国家,而此时德国政府也采取了同样的贸易保护政策。法国政府逐步落实贸易保护政策,直到1885年落实彻底。1885年,法国向进口小麦征收每公担五法郎的关税。同时,政府对进口糖征收重税,以实现本土甜菜糖主导国内市场。制成品一向是法国重点贸易保护对象。

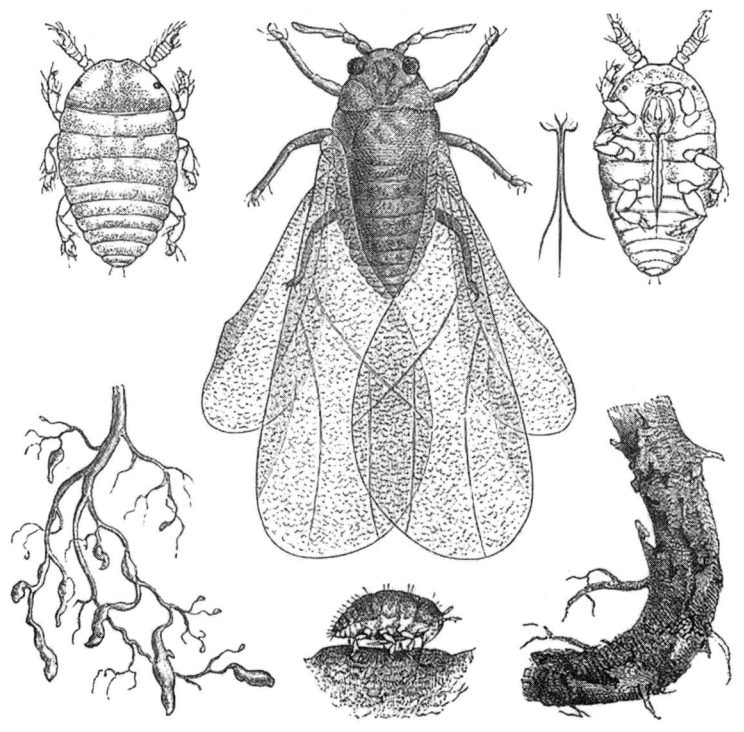

葡萄根瘤蚜

正是因为贸易保护政策，农业持续成为法国人的首选行业。限制进口自然导致国内物价上涨。与此同时，主导进口商品的法国航运业衰退。没有了外国竞争影响，受保护的制造商纷纷建立联合体——托拉斯（或称为"企业联合"）。因此，法国国内行业间竞争极小。1923年，据称，织染制造业由一家托拉斯控制，重化学品则由两家托拉斯控制。不过，整体而言，法国政府的经济体系运行良好，与平稳的人口增长速度相得益彰。当时，法国人口增长速度缓慢，自然无需大量进出口贸易。

法国教育 伴随现代贸易保护体系的发展，在朱尔·费里^①领导下，法国教育进行了全面改革。1879年至1880年，朱尔·费里任法国教育部长，1881年至

朱尔·费里

---

① 又译"茹费理"。——译者注

1883年年初担任法国总理。在朱尔·费里担任总理期间，法国实行免费小学义务教育，增加了大批中学与国立高等学校。图卢兹、波尔多、里尔与其他中心城市的地方性大学受到政府各项政策激励，实行扩招，与高校云集的巴黎在高等教育方面互为补充。

法国殖民地 在殖民事业上法国硕果累累。18世纪上半叶，法国一度拥有比英国更广阔、更富有的殖民地。然而，七年战争中，法国殖民事业取得的成果几乎丧失殆尽。七年战争后，残留的殖民成果最终在拿破仑战争期间失去。法王查理十世和路易·菲利普一世曾经着手在阿尔及尔建造殖民帝国。法军占

法王查理十世

路易·菲利普一世

领阿尔及尔一度让全国倍感振奋。不过,拿破仑三世统治期间,远征墨西哥的灾难性结果让法国人对海外冒险产生了反感。直到法兰西第三共和国成立,法国人仍然对殖民地毫无兴趣。法国历任内阁部长中,只有朱尔·费里高瞻远瞩,执着于发展殖民事业。

在殖民事业上,朱尔·费里得到众多法军将士的支持。这些法国官兵效仿英国探险家沃尔特·雷利和罗伯特·克莱夫,勇闯陌生国度,前去探险远征,开拓殖民地。在法国殖民地开拓者中,有法属刚果殖民地的缔造者之一——皮埃尔·德·布拉柴和法属苏丹的组织者与马达加斯加的征服者——约瑟夫·西蒙·加利埃尼。1914年,第一次马恩河战役中,约瑟夫·西蒙·加利埃尼成为巴

沃尔特·雷利

罗伯特·克莱夫

皮埃尔·德·布拉柴

约瑟夫·西蒙·加利埃尼

黎卫戍部队司令。1895年，约瑟夫·霞飞出兵马里的延巴图克。后来，在马恩河战役中，他大获全胜。1898年，让·巴普蒂斯特·马尔尚率军远征刚果，后来进入尼罗河盆地，在苏丹南部白尼罗河附近的法绍达与赫伯特·基奇纳的英军发生冲突。最值得一提的是海军将领亨利·李威利。1882年，他带领三百人占领了越南东京①的战略要地河内。1883年战死沙场前，亨利·李威利率军一举攻取越南东京。

让·巴普蒂斯特·马尔尚

---

① 东京，法国殖民统治时期用来指代以河内为中心的越南北部地区。1831年，东京改称河内。——译者注

亨利·李威利

　　法兰西第三共和国获取的殖民地主要有：1881年，根据与突尼斯的贝伊签订的《巴杜尔条约》，突尼斯成为法国殖民地；1880年至1890年法军占领的苏丹和塞内加尔；1892年，法国成为达荷美王国的保护国，1894年正式吞并达荷美王国。1882年，法国成为越南的保护国；1885年，法国获得刚果；1895年，法国获得马达加斯加。1903年，法国成为摩洛哥的保护国。法国增加了共约四百五十万平方英里的海外殖民地。

　　法国总理莱昂·甘必大　如果朱尔·费里被视为法兰西殖民帝国的主要创建者，那么莱昂·甘必大就是法兰西第三共和国的缔造者。1870年至1871年的这

签订《巴杜尔条约》

法国获得马达加斯加

个冬天,在巴黎被围的黑暗日子里,莱昂·甘必大英勇地"组织外省法军抵抗"普鲁士军队,为法国人保住了尊严。当面临选择君主制还是共和制时,法国人民摇摆不定,眼看一场内战即将爆发。满腔热血的莱昂·甘必大凭借三寸不烂之舌,提出了出人意料的温和建议。最终,法国诞生了温和的共和制宪法。然而,莱昂·甘必大在位时间很短。1881年11月至1882年1月,莱昂·甘必大仅仅当了三个月的内阁总理。1883年,他意外中弹身亡,享年四十四岁。

法国总统玛利·弗朗索瓦·萨迪·卡诺 1885年,儒勒·格雷维再次当选法国总统。因自己的女婿卷入金融丑闻,1887年12月他被迫辞职。玛利·弗朗

莱昂·甘必大

玛利·弗朗索瓦·萨迪·卡诺

索瓦·萨迪·卡诺接替了儒勒·格雷维的总统职务。玛利·弗朗索瓦·萨迪·卡诺曾经是莱昂·甘必大的手下，1871年临时政府的一名官员。前任总统儒勒·格雷维非常吝啬，从不在公共事务上浪费钱财。相比之下，玛利·弗朗索瓦·萨迪·卡诺不仅热情好客，而且办事体面。玛利·弗朗索瓦·萨迪·卡诺经常举办各种盛大宴会，虽然称不上奢华，但制造了在国内外政要面前抛头露面的机会。1889年，在世界博览会上，各国代表云集巴黎，玛利·弗朗索瓦·萨迪·卡诺充分展现了谦逊好客的一面，赢得了巴黎人民一致好评。在处理"布朗热危机"中，玛利·弗朗索瓦·萨迪·卡诺又表现出杀伐果断的一面。乔治斯·欧内斯特·布朗热——一位自命不凡的法国将军，妄图建立独裁统治。最终，1889年4月1日，他被迫逃亡。1891年，他在布鲁塞尔自杀身亡。

1889 年的世界博览会,民众在围观一家留声机公司

乔治斯·欧内斯特·布朗热自杀

法国总统让·卡西米尔-佩里埃　玛利·弗朗索瓦·萨迪·卡诺虽然是法国总统中最出色的一位，但最终难逃无政府主义者刺杀的厄运。1894年6月，玛利·弗朗索瓦·萨迪·卡诺在里昂遇刺身亡，让·卡西米尔-佩里埃继任总统。他是一位经验丰富的政治家。1870年，他参加普法战争并光荣负伤。之后，让·卡西米尔-佩里埃曾担任过各种职务，包括1893年任总理一职。此前，众议院各党派允许前任总统玛利·弗朗索瓦·萨迪·卡诺在政治事务上便宜行事。虽然让·卡西米尔-佩里埃更有主见。但众议院并不希望现任总统与前任总统

玛利·弗朗索瓦·萨迪·卡诺在里昂遇刺身亡

让·卡西米尔-佩里埃

一样拥有过多的自主权。经过几番争吵后,不愿受内阁牵制的让·卡西米尔-佩里埃辞去了总统职务。让·卡西米尔-佩里埃不愿透露内幕,所以他辞职的真正原因至今不明。辞职后,让·卡西米尔-佩里埃彻底离开政坛,1907年去世。

法国总统弗朗索瓦·菲利·福尔 让·卡西米尔-佩里埃之后,由弗朗索瓦·菲利·福尔出任总统。实业家从政又居高位者向来凤毛麟角,勒阿福尔商人弗朗索瓦·菲利·福尔可谓其中典范。弗朗索瓦·菲利·福尔在政治方面不太活跃,只关心社会活动。他执政期间,1895年至1899年发生了震惊法国的"德雷福斯案"。

阿尔弗雷德·德雷福斯

"德雷福斯案" 1894年,犹太裔法国陆军上尉阿尔弗雷德·德雷福斯遭到指控,罪名是向德国出卖军事秘密。由军事法庭定罪后,阿尔弗雷德·德雷福斯被关押在圭亚那。随后,几位重要人物出现了,纷纷质疑审判的公正性。1898年,著名小说家埃米尔·左拉与阿纳托尔·法郎士、学者约瑟夫·雷纳克与政治家兼新闻记者乔治·克里孟梭四处奔走,最终让"德雷福斯案"得以重审。然而,此举遭到法国高级将领强烈抗议。让-玛利·梅西埃和埃米尔·苏林登两位将军反对重审"德雷福斯案",继而引发了政府、报界、教会甚至民众的热议。可以说,全体法国人民分裂为两大阵营:一派赞同军队高官,反对重审;另一派支持重审"德雷福斯案"。

人们争论的已经不再是无辜之人被判劳役这样的简单问题,而是更深层的问题:到底是听任反犹军事宗教集团掌控国家,还是需要开明人士来改变当前局面。此刻,法国恰好需要皮埃尔·瓦尔德克-卢梭这样温文尔雅又英明果断的人物。1899年至1903年,皮埃尔·瓦尔德克-卢梭出任总理,将国家从一触即发的内战危机中拯救出来。1898年,战争部下令重审"德雷福斯案",标志着

皮埃尔·瓦尔德克-卢梭

法国开明民主政治派战胜了军事宗教集团。最终，1906年，人们发现指控阿尔弗雷德·德雷福斯的大量文件系伪造。于是，阿尔弗雷德·德雷福斯被无罪释放，重新恢复了个人声誉。

第3章

德国威廉二世统治时期

德皇威廉二世 德皇威廉二世天资聪颖，深谋远虑。不过，他生性敏感自负，遇事优柔寡断。继承大统之后，威廉二世不像多数皇帝那样安分守己，维护好皇家尊严。威廉二世越来越沉醉于至上的皇权。因此，在位时间越长，他越是焦躁不安。无人知晓，在位最后十年，威廉二世的心态是否已经平和。没有国务缠身时，威廉二世始终给人温文尔雅的印象。作为立宪君主，如果他必须听从内阁建议，他的权力一直受到严格限制，或许一切会更加顺利。

第一次世界大战爆发前，威廉二世统治下的德国一直十分繁荣。内阁大臣是威廉二世的得力助手。德国内阁之首是首相。根据宪法规定，首相由皇帝任命，只对皇帝一人负责。一旦议会召唤，首相虽然必须前去接受咨询并发表演说，但并非议会议员。

帝国首相列奥·冯·卡普里维 1890年，奥托·冯·俾斯麦被迫辞职后，德意志帝国第二任首相是列奥·冯·卡普里维，执政期为1890年至1894年。列奥·冯·卡普里维戎马一生，他来自西里西亚一个历史悠久的家族。当年，普鲁士国王腓特烈大帝吞并西里西亚时，原本效忠奥匈帝国的家族转而效忠普鲁士。忠心耿耿的列奥·冯·卡普里维是一位出色的管理者。但他过于谨慎，与勇往直前的威廉二世格格不入。1894年，列奥·冯·卡普里维辞去首相职务，开始了隐居生活，1899年去世。

列奥·冯·卡普里维

腓特烈大帝

帝国首相霍恩洛厄侯爵克洛德维希·卡尔·维克托　德意志帝国第三任首相是霍恩洛厄侯爵克洛德维希·卡尔·维克托。克洛德维希·卡尔·维克托来自德意志附属领地的王室家庭。1803年至1806年,德意志较大的邦国兼并了较小的附属领地。名义上,附属领地依然由领地君主继续统治。事实上,附属领地君主已经徒有虚名。克洛德维希·卡尔·维克托担任阿尔萨斯-洛林总督期间,工作十分出色。七十六岁的克洛德维希·卡尔·维克托,出身名门,身份尊贵,无疑是辅佐年轻皇帝的最佳人选。他一直致力于平衡普鲁士与其他邦国之间的利益。然而,东普鲁士的容克贵族(乡绅)阶级,人数众多,势力强大,专横

克洛德维希·卡尔·维克托

伯恩哈德·冯·比洛

霸道，十分不喜欢克洛德维希·卡尔·维克托。1900年，克洛德维希·卡尔·维克托辞去首相职务。1901年，他与世长辞。

帝国首相伯恩哈德·冯·比洛 德意志帝国第四任首相是伯恩哈德·冯·比洛。伯恩哈德·冯·比洛出身于一个十分显赫的古老家族。他擅长外交。伯恩哈德·冯·比洛任首相期间，德皇威廉二世的政策得以平稳推行与实施。在外交方面，德国虽然与法国关系不太好，但与英国关系良好。1909年，伯恩哈德·冯·比洛退休。之后，他住在罗马的一幢别墅里。在这里，伯恩哈德·冯·比洛凭借实力与影响力，将自己的居所打造成文学艺术交流的中心。退休期间，伯恩哈德·冯·比洛著书立说，从一个帝国政治家角度阐释了德国外交事务。这本书的名字是《德意志帝国》，1914年出版发行。意大利卷入第一次世界大战之前，伯恩哈德·冯·比洛曾在罗马担任过短短几个月的德国驻意大利大使。

帝国首相特奥巴尔德·冯·贝特曼-霍尔维格　从1909年到第一次世界大战爆发，特奥巴尔德·冯·贝特曼-霍尔维格一直担任德意志帝国首相。特奥巴尔德·冯·贝特曼-霍尔维格是一位兢兢业业的律师与文职人员。他恪尽职守，但缺少了首相应有的大格局。当然，特奥巴尔德·冯·贝特曼-霍尔维格也不可能在任期内大有作为。前两任首相克洛德维希·卡尔·维克托与伯恩哈德·冯·比洛均出身名门。他们不仅头脑冷静，而且政绩斐然。

特奥巴尔德·冯·贝特曼－霍尔维格

德国军队 困扰历任首相的主要难题是：既要给行为有些乖张的威廉二世指引方向，又要顶住来自总参谋部的压力。奥托·冯·俾斯麦曾在个人回忆录《思考与回忆》中做出精辟论断：首相必须确保军队时刻保持"战备"状态，只有这样，军队才能保持战斗力。然而，前提是首相必须能够控制住军队，而不是被军队束缚住手脚。

奥托·冯·俾斯麦在《思考与回忆》第二十二章中说："显然，无论年轻气盛的军官还是经验丰富的战略家，都必须考虑军队战斗的能力与自身领导的能力，以及如何才能名垂青史。如果军队缺乏士气，实属憾事。但军队士气必须限制在维护和平需要范围之内。这项任务纯属国家政务而非军务。"

奥托·冯·俾斯麦有能力掌控军队，能够将军队管理权收归政府。从法国历史上的"德雷福斯案"可知，法国政府与军队之间存在类似的权力之争。不过，最终法国政府大获全胜。然而，德国政府的任务更艰巨。由于德国建立在战争基础之上，军队威望极高。在德国，人人都有军衔。所有贵族基本上都是军官。贵族阶层是一个庞大群体。贵族均受过良好教育，办事讲究效率。因此，军队的总指挥部——总参谋部——的工作能力超强，办事效率极高，声望也极高。总参谋部不仅聚集了德国最强的大脑，还云集了功高望重之人。虽然总参谋部很少出现在公众视野内，但在国家政策及管理方面，它影响巨大，作用更大。作为首相，列奥·冯·卡普里维、克洛德维希·卡尔·维克托与伯恩哈德·冯·比洛有能力与总参谋部抗衡，掌控局面。然而，温和的特奥巴尔德·冯·贝特曼-霍尔维格不像一名政要，更像一名学生，实在无力应对。

德国工业发展 毫无疑问，1890年至1914年是德国大繁荣时代。19世纪90年代末与20世纪初，学生时代曾在莱茵河畔漫步的老一辈英国人再次故地重游时，对德国城镇发生的变化惊叹不已：仅仅三四十年的时间，浓烟滚滚的大烟囱拔地而起。埃森和鲁尔变成了"黑乡"。巴登大公的宫殿所在地曼海姆曾经风景宜人，如今已经成为名副其实的化工中心。

德国社团 德国全民参与各种社团。德国人似乎对社团有一种天然的狂热

埃森

鲁尔

情绪。地主和农场主联盟关注农业利益,不断敦促政府提高关税。殖民地协会鼓吹海外扩张。海军联盟要求增强海上力量。大学生纷纷加入学生联合会。士兵和军官有自己的社团。当然,工人阶级有工会组织。工会组织庞大,很有影响力,而雇主联合会的影响力更大。在帝国关税壁垒下,没有了国外竞争对手,德国的大贸易商与工业家联合组成托拉斯或卡特尔。各行各业均受卡特尔控制。对此,德国人并未流露出任何不满情绪,因为卡特尔效率极高。事实上,德国巴顿苯胺碳酸钠工厂的染料和克虏伯公司的钢铁在世界上首屈一指。

阿尔萨斯-洛林问题　德国有三处软肋:阿尔萨斯-洛林、北石勒苏益格和波兹南。这三个地区是德国通过武力夺来的。当地居民从未对德国政府产生好感。1871年,德国吞并了阿尔萨斯-洛林,当地一部分居民迁入法国。然而,大部分居民故土难离,留在了阿尔萨斯-洛林。事实上,德国政府把这片新

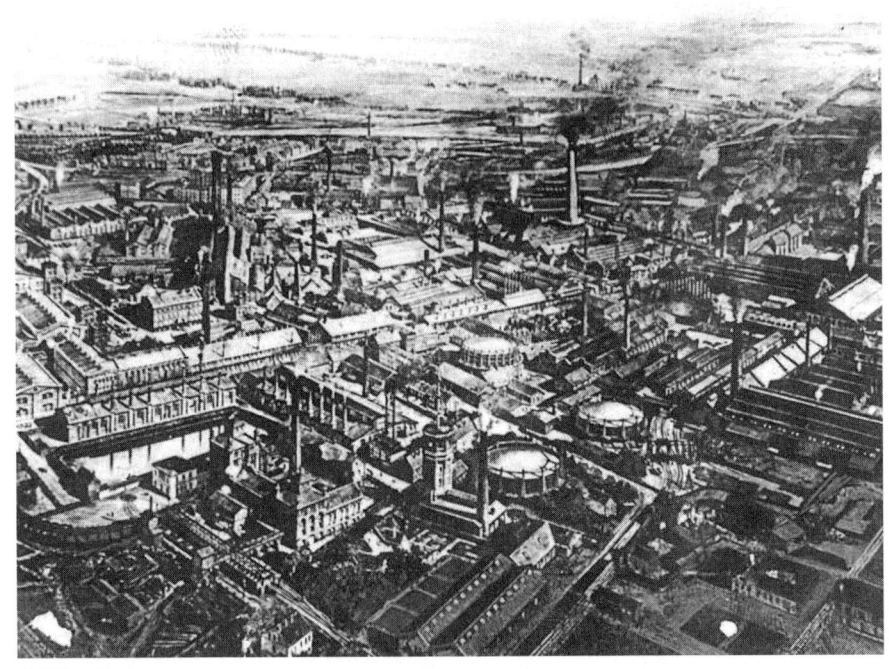

克虏伯公司

勒内·巴赞

领地管理得井然有序，米卢斯的纺织工业空前繁荣，斯特拉斯堡大学名扬欧洲。不过，当地知识分子阶层不愿屈从于德国的统治。他们留恋法国文化，渴望结交法国友人。此情此景，读者可在勒内·巴赞的小说《奥贝莱一家》中略见一斑。在阿尔萨斯-洛林这片"帝国领土"之上，大批德国驻军扰乱了当地居民生活。在军队礼仪方面，德国驻军非但没有适度放宽要求，反倒严苛至极。1910年，在察贝恩，一名步兵中尉用剑刺伤一名制靴匠，理由是他不尊重帝国军服。

签署《布拉格条约》

北石勒苏益格问题 与阿尔萨斯-洛林相比,北石勒苏益格问题相对简单。然而,北石勒苏益格当地居民一直耿耿于怀。1864年,原属丹麦的石勒苏益格-荷尔斯泰因被普奥联军夺取。1866年,普奥战争爆发。随后,奥地利战败,被迫签署《布拉格条约》。根据条约,石勒苏益格-荷尔斯泰因归普鲁士。不过,《布拉格条约》第五条(宅心仁厚的拿破仑三世坚持补充了此项条款)申明:如果北石勒苏益格人进行公投,公投结果表明北石勒苏益格人渴望回归丹麦,那么北石勒苏益格将重归丹麦。可想而知,普鲁士政府不喜欢《布拉格条约》第五条内容。因此,1879年,当普奥关系有所改善时,经奥地利同意,普鲁士废止了该条款。因为北石勒苏益格回归丹麦是普奥之间的一项协定,所以普鲁士与奥地利通过协商废止该条款完全合法。不过,北石勒苏益格人指出,既然《布拉格条约》条款已经承认选择回归丹麦是北石勒苏益格人的权利,而1866年北石勒苏益格人已经拥有该权利,所以1879年或者未来,他们依然拥有该权利。因此，之后三十多年间，北石勒苏益格人虽然拥有德国选举权，但一直在闹分裂。北石勒苏益格问题成了德国政坛动荡不安的因素之一。

波兹南问题　与北石勒苏益格人与阿尔萨斯-洛林人相比，波兰人更难对付。波兰人是充满智慧的民族。他们不仅热情奔放，而且行动力强。西普鲁士（维斯瓦河低地）和波兹南曾是古代波兰王国的一部分。根据1772年和1793年瓜分波兰的条约规定，西普鲁士和波兹南并入普鲁士。1815年，在维也纳会议上，普鲁士政府同意波兰建立"国家机构"，奥地利与俄国也向波兰做出相应承诺。然而，普、奥、俄三国并未兑现承诺。

波兹南和西普鲁士的波兰人从未放弃独立。他们依然保留着自己的民族语言、民族文学与民族习惯。普鲁士政府曾试图殖民波兹南。1886年，奥托·冯·俾斯麦担任首相期间，通过了一个殖民法案。政府耗资五百万英镑，大量收购波兰庄园，安置德国农民。该法案与17纪中期奥利弗·克伦威尔针对爱尔兰实施的收购政策类似。然而，英国目前又通过了一项十分宽松的土地购买法令，与德国做法恰好相反，着手把土地尽快重新分配给爱尔兰当地农民和庄园主。

列奥·冯·卡普里维担任首相期间，曾尝试对波兰人实行友好政策。1908年，伯恩哈特·冯·比洛又出台了一个殖民法案。然而，普鲁士人无法将波兰人德意志化。当然，的确有波兰贵族为普鲁士效力，比如著名的拉齐维乌家族。波兰人执着地追求民族独立。他们通过组建农业合作社团，保持着民族传统，展示出伟大的民族智慧。普鲁士的波兰问题与英国的爱尔兰问题类似。直到第一次世界大战爆发，波兰问题依然悬而未决。

殖民地黑尔戈兰岛　在德皇威廉二世统治下，俾斯麦时代建立的殖民帝国继续发展。在德皇威廉二世最早获取的殖民地中，有一块位于欧洲海域。为了这块殖民地，德国甚至不惜减弱在非洲的影响力。这块殖民地是北海的一个小岛——黑尔戈兰岛。1814年，英国从丹麦那里获得了黑尔戈兰岛。深谋远虑的德国政治家一直关注着黑尔戈兰。德国驻伦敦大使曾经向英国外交大臣格

1815年的维也纳会议

黑尔戈兰岛

兰维尔·乔治·莱韦森-高尔提及黑尔戈兰岛,说:"它对德国很有用。"1870年至1874年及1880年至1885年,格兰维尔·乔治·莱韦森-高尔两次出任英国外交大臣。他是一位聪明和善的外交官。他巧妙地回答道:"直布罗陀对西班牙也很有用。"格兰维尔·乔治·莱韦森-高尔其实是在暗示:直布罗陀和黑尔戈兰都属于英国海上领土,英国不可能弃之不顾。不过,1890年,英国首相索尔兹伯里侯爵罗伯特·加斯科因-塞西尔十分渴望改善英德关系,试图解决英国与

格兰维尔·乔治·莱韦森-高尔

罗伯特·加斯科因-塞西尔

德国在非洲的冲突。罗伯特·加斯科因-塞西尔同意将黑尔戈兰岛割让给德国，但德国必须答应将桑吉巴尔和乌干达让给英国。双方在柏林签订条约，进行领土交接。结果，不仅东非问题得以解决，英德关系也改善了。德国得到了不断遭受海水侵蚀的北海小岛——黑尔戈兰岛。显然，无论哪国政府拥有这座小岛，必定付出高昂代价。1914年，第一次世界大战爆发。许多英国人为失去黑尔戈兰岛后悔不已。然而，令人怀疑的是：黑尔戈兰岛是否真的对德国十分有用。

1919年，在《凡尔赛和约》中，英国没有坚持收回黑尔戈兰岛，仅提出不能在岛上设防。

德国的殖民政策 在放弃桑吉巴尔和乌干达之后，德国继续扩大德属东非及德属西南非殖民地。1906年可谓德国殖民政策的大时代。同年，伯恩哈德·德恩堡担任德国外交部殖民司司长。伯恩哈德·德恩堡不属于德国一般统治阶级。他既非贵族，也非乡绅，与容克贵族毫无关联。伯恩哈德·德恩堡是一位犹太银行家，一直在商海中摸爬滚打。论学识、能力与经验，伯恩哈德·德恩堡是殖民司司长最佳人选。1906年，伯恩哈德·德恩堡刚刚上任之时，帝国议

伯恩哈德·德恩堡

会拒绝向政府提供资金开发殖民地。德皇威廉二世和首相伯恩哈特·冯·比洛决定立刻解散议会进行普选。全国一片哗然，德皇威廉二世的个人政策及威望岌岌可危。大选中，保守党和社会民主党明争暗斗。最终，支持政府政策的绝大多数人重新返回议会。社会民主党因此遭受重创。

殖民帝国扩张　伯恩哈德·德恩堡担任德国外交部殖民司司长之初，德属西南非殖民地赫雷罗部落发生暴乱。有时，德国人与土著关系也十分和睦。比如，第一次世界大战期间，骁勇善战的东非土著忠心耿耿地与德国人并肩作战。不过，大多数当地部落与德国人关系不好。赫雷罗人坚决为争取独立、自

赫雷罗人

第 3 章 德国威廉二世统治时期　｜　069

由而战，最后几乎全族覆灭。这场战争从1903年一直持续到1907年。战争结束后，德国殖民地继续飞速发展。德国国内工业发展亟需各种原材料，比如铜、橡胶与棕榈油。德国工人也需要各种饮食，比如咖啡、可可与玉米。德属殖民地辽阔。德属西南非面积比德国本土大得多。德属东非面积几乎是德国本土两倍。多哥兰、喀麦隆、德属新几内亚和其他太平洋岛屿合起来差不多相当于德国在欧洲大陆土地面积的两倍。1898年，德国于从西班牙购得西太平洋的加罗林群岛。当时，美西战争已经接近尾声，西班牙资金短缺，德国趁机收购了加

赫雷罗人与德国人交战

罗林群岛。1900年,由于英美两国产生分歧,德国成功购买了萨摩亚群岛的两座岛——乌波卢岛和萨瓦伊岛。事实上,德国人不乐意移居殖民地。他们更喜欢美国、南美洲或离家更近的英国。德属西南非与德属东非的德国移民仅有几千人。不过,德国殖民贸易十分可观。如果既没有殖民贸易也没有殖民地的供煤港,德国根本不可能成为海军强国。

德国的海运与海军　1871年至1906年,德国海上运输量从不到一百万吨增加至两百五十万吨。汉堡美洲航运公司成为全世界最大的航运公司,其规模甚至比大英轮船公司还要大。为保护海上贸易并维护德国国家声誉,德国组建海军势在必行。

1871年,德国成立之时,还没有组建帝国海军。虽然普鲁士有几艘军舰,却无力与法国海军抗衡。1872年,奥托·冯·俾斯麦任命阿尔布雷特·冯·施托施将军为帝国海军大臣。阿尔布雷特·冯·施托施在军需部任职时,已经显露

阿尔布雷特·冯·施托施

出非凡的管理能力。他利用法国赔款建造军舰。阿尔布雷特·冯·施托施之所以能够在第一次世界大战前声名远扬，主要是因为1878年"大帝选侯"号军舰沉没事件。"大帝选侯"号军舰由阿尔布雷特·冯·施托施负责建造。

德国海军法　继位之初，德皇威廉二世就急于把德国打造成海军强国。不过，直到1897年，海军上将阿尔弗雷德·冯·提尔皮茨担任海军大臣，德国海军才真正快速发展起来。德国海军建设方案采纳了为期七年的建设草案。根据海军法，帝国议会将拨专款支持海军建设的七年计划。1906年，德国海

阿尔弗雷德·冯·提尔皮茨

军的发展引起了英国警觉。一方面,德国海军一旦树敌,英国必定首当其冲;另一方面,英国已经为发展海军耗费了巨资。英国政府规定,英国海军必须保持实力,要与世界第二和第三的国家海军力量总和相当。因此,德国海军根本不可能超过英国海军。德国每建造一艘军舰,意味着英国必定建造德国军舰吨位两倍左右的军舰。德国海军根本无法达到英国海军的水平。然而,两国为此耗资巨大。英国政府不断与德国海军部交涉。1912年,时任英国第一海军大臣温斯顿·丘吉尔提出,英国将比照德国减少建造军舰的费用,相应地消减军

温斯顿·丘吉尔

费开支。但德国政府对英国的提议置之不理，继续在帝国议会上推进新海军法。德国人开始对自己的海军舰队引以为豪，更专注于增强海军实力。伯恩哈特·冯·比洛卸任首相后，特奥巴尔德·冯·贝特曼-霍尔维格担任首相期间，直到1916年，海军上将阿尔弗雷德·冯·提尔皮茨一直在德国海军部工作。

第4章
欧洲各国的状况

欧洲体系 1870年至1914年,德国一直是欧洲主要强国。在欧洲文化界,法国依然引领风骚。毋庸置疑,法国依然是欧洲强国,只不过实力有所下降。然而,"欧洲体系"平衡发展不仅依靠德国和法国,还要依靠其他具有影响力的国家,其中既有大国——俄国、奥匈帝国和意大利,也有紧随其后的重要

奥匈帝国徽章

国家——瑞典、西班牙和土耳其，以及依靠道德影响力而非军事影响力的小国——丹麦、瑞士、荷兰、比利时、挪威、希腊和巴尔干诸国。无论国家大小、力量强弱，每个国家都为欧洲贡献一份力量。

俄国 俄国名列强国，实则外强中干。1812年，战无不胜的拿破仑·波拿巴远征俄国，最后遭受致命打击。俄国因此威名远扬。然而，1855年，英、法、撒

拿破仑·波拿巴

亚历山大·米哈伊洛维奇·戈尔恰科夫

丁联军占领塞瓦斯托波尔，粉碎了俄国战无不胜的神话。克里米亚战争结束后，俄国在欧洲政坛上变得悄无声息。当时，俄国首相亚历山大·米哈伊洛维奇·戈尔恰科夫曾说：俄国不是远离舞台，而是养精蓄锐去了。1877年，俄国打着保护奥斯曼帝国基督徒的旗号，发动了第十次俄土战争。不过，俄国的战果寥寥无几。1878年，在柏林会议上，列强勉强通过了俄国主张条款，但对条款大打折扣。1878年后，俄国再次进入休养生息阶段。

1861年，沙皇亚历山大二世下诏废除农奴制。一直替贵族耕种土地的农奴

1878年的柏林会议

农奴阅读解放农奴宣言

亚历山大三世

摇身一变，成为拥有部分土地所有权的农民。保留剩余土地的贵族要给耕种土地的农民支付工资。1881年，亚历山大二世遇刺身亡。遇刺当天，亚历山大二世签署了政府改革法令。亚历山大二世之子亚历山大三世继位后，当即取消了政府改革法令。俄国回到专制、独裁与官僚政治的老路。1894年，亚历山大三世驾崩，其长子尼古拉继承皇位，史称"尼古拉二世"。

海牙和会 尼古拉二世是最受人爱戴的沙皇之一。在位期间，他一直殚精竭虑地为欧洲与俄国利益运筹帷幄。1898年，尼古拉二世提议召开国际会议，希望各国在减少军备问题上达成共识。在致各国政府的公函中,俄国政府指出,各国海陆军备开支不断攀升,几乎超出了国家承受能力。事实也的确如此。最终,尼古拉二世促成了1899年第一次海牙和平会议与1907年第二次海牙和平会议的成功召开。两次和平会议制订了比较人性的战争规则。尤其在对待战俘与平民方面,这些战争规则彰显了人道主义精神。

俄国扩张 19世纪后半叶,俄国的重大举措是向太平洋扩张。英国探险家弗朗西斯·德雷克与沃尔特·雷利开拓新世界时,俄国人一直殖民人烟稀少的西伯利亚。19世纪,俄国人通过中亚另辟蹊径。1868年、1873年和1884年,俄国先后占领了塔什干、希瓦和梅尔夫。1885年,俄国人宣布占领阿富汗北部边境的彭杰德,结果差点引发英俄战争。英属印度总督弗雷德里克·汉密尔顿-坦普尔-布莱克伍德用外交手段化解了危机。最后,俄国人依然占据彭杰德。作为补偿,阿富汗人得到了佐勒菲卡尔山口[①]。

俄日战争 1850年,在东西伯利亚总督米哈伊拉·尼克勒维奇·穆拉维约夫努力下,俄国将领土扩张至太平洋沿岸。1861年,俄国唯一不冻港符拉迪沃斯托克建立。1901年,西伯利亚铁路将符拉迪沃斯托克与莫斯科连接。面对俄国的扩张趋势,日本深感不安。1904年,日俄争端引发了战争。出乎欧洲人意料之外的是,与俄军交战的日军竟然更胜一筹。在美国总统西奥多·罗斯福斡旋之下,沙皇尼古拉二世被迫同意签订十分有利于日本《朴次茅斯条约》。

未竟的革命 1905年8月,如果俄国国内没有爆发革命,俄日战争可能会继续进行。俄国或许能争取到更加有利的条款。这次俄国革命是一场未竟革命,没有深入发展。沙皇尼古拉二世挑选出一位能力出色的州长担任首相。此人

[①] 1885年3月,俄国与阿富汗在彭杰德发生了武装冲突,结果,俄国人占领了彭杰德。英国人一直视阿富汗为印度的西北门户,俄国势力向阿富汗的渗透直接威胁英属印度的安全。于是,一场战争即将在英国与俄国之间爆发。1885年9月,英国与俄国进行谈判,彭杰德归俄国,佐勒菲卡尔山口归阿富汗,从而避免了战争。——译者注

亚历山大二世遇刺

1899年第一次海牙和平会议讽刺性漫画

就是彼得·斯托利平。彼得·斯托利平冷静果敢,将国家从水深火热中拯救出来。1906年5月,彼得·斯托利平曾任职内务大臣。1906年7月,彼得·斯托利平成为俄国首相。1911年9月14日,在成功实施"改革与镇压"政策后,这位呕心沥血的首相在基辅歌剧院遇刺身亡。当时,尼古拉二世也在刺杀现场。

1906年俄国宪法 俄国行政管理部门十分庞大,西欧称之为"官僚机构"。受过教育的俄国公民均有机会进入官僚机构。1906年5月6日,尼古拉二世颁布了基本法,即1906年宪法。1906年宪法是尼古拉二世对革命的退让之举,

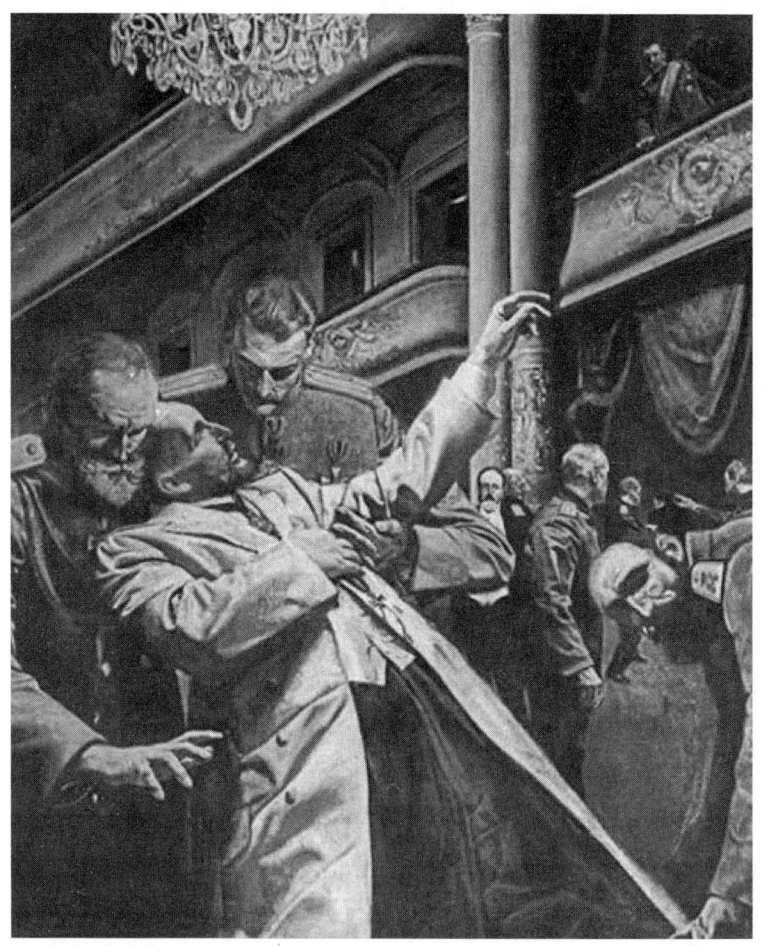

彼得·斯托利平遇刺

尼古拉二世

俄国杜马负责将议案正式立法。此前，俄国法律由沙皇颁布诏书直接生效。不过，内阁不对杜马负责，杜马无权改变基本法。

俄国经济的发展 1890年至1914年，俄国经济主要依靠交通运输业，逐渐发展、繁荣。尼古拉二世的内阁大臣米哈伊尔·奇尔科夫与谢尔盖·尤利耶维奇·维特是出色的铁路管理者。俄国在交通运输方面取得的最大成就莫过于修建西伯利亚铁路。随着西伯利亚铁路通车与不断延长，火车可以从柏林经华沙、莫斯科和托博尔斯克直达符拉迪沃斯托克。1901年，西伯利亚铁路竣工。人们能够方便地出行了，可以通过各种方式增长知识了。截至1914年，许多俄国人依然不会读书写字。不过，人们不仅有机会在大型走读中学上学，还可以去莫斯科大学、圣彼得堡大学等高等学府接受教育。许多俄国教授享誉欧洲。其中不乏历史学家、科学家及一些小有名气的古典学者。当时，俄国还出现了世界闻名的现代小说家，如托尔斯泰、屠格涅夫和陀思妥耶夫斯基。不过，遗憾的是，难懂的俄语成了俄国与其他欧洲国家交往的巨大屏障。19世纪，法语与法兰西思想在欧洲盛行。这时，如果俄国人放弃俄语接纳法语，东欧就能和西欧不断交流，而俄国社会的半开化状态必然会逐渐消失。

托尔斯泰

屠格涅夫

哈布斯堡帝国 19世纪中期,著名的波希米亚历史学家弗兰基谢克·帕拉茨基曾说:即使奥地利不曾在历史上存在,创造出这样的国家也很有必要。中欧就像一座巨大的巴别塔,各民族缺乏理解或好感。不过,在奥地利哈布斯堡王室统治下,奥地利人、匈牙利人、克罗地亚人、鲁塞尼亚人、波兰人与斯洛伐克人和平共处,即便相互关系不那么亲密。各民族之间没有关税壁垒,可以自由贸易。

自1848年以来,奥地利皇帝一直是弗朗茨·约瑟夫一世。弗朗茨·约瑟夫一世虽然寡言少语,任性顽固,但颇有几分远见卓识。作为统治者,弗朗茨·约瑟夫一世在位时间较长（1848年至1916年），积累了丰富的经验。弗朗茨·约瑟夫一世有大批政府工作人员，主要来自乡绅与有一技之长的专门人才。与著名的普鲁士政府官员相比，奥地利政府官员更注重外在形式与繁文缛节。不过，奥地利政府官员均受过良好教育，富有同情心，管理各民族事务得心应手。

匈牙利 匈牙利是独立王国。不过，自1526年起，奥地利君主也是匈牙利国王。根据1867年签订的协议，匈牙利与奥地利实施相同的经济政策与外交政

弗朗茨·约瑟夫一世

马扎尔人

策，但匈牙利拥有充分的自治权。马扎尔人是匈牙利境内人口最多、最活跃的民族，尽管与奥匈帝国境内其他民族相比，马扎尔人属于少数民族。他们不仅控制着匈牙利所有重要职位，而且占据着匈牙利议会多数席位。在马扎尔人管理之下，匈牙利十分繁荣，良田万顷，六畜兴旺。

奥地利文化 奥地利的中心城市是维也纳。自18世纪以来，维也纳之于中欧，如同巴黎之于西欧。在维也纳，人们能听到顶级歌剧。贵族宫殿鳞次栉比，住着誉满欧洲的知名家族：列支敦士登家族、华伦斯坦家族和温狄士格莱茨

族。美轮美奂的维也纳大学在医学、历史、古文字学和经济学领域遥遥领先，正如牛津大学的古典语言学、剑桥大学的数学、巴黎大学的哲学、柏林大学的文献学均在相应研究领域保持着领先地位一样。1914年，当哈布斯堡帝国无谓地投入战争时，中欧便开始走向衰落。1918年，哈布斯堡帝国分崩离析，中欧爆发饥荒。中欧人的精神生活与物质生活均黯然失色。

1856年的巴黎会议

意大利王国 英国、法国、奥地利、俄国与普鲁士是19世纪前半叶的五大强国。1856年,现代意大利的前身——撒丁王国——参加了巴黎会议,从而加入了"欧洲协调"。1861年,撒丁王国更名为意大利王国。不过,直到1870年罗马教皇的世俗权力被剥夺后,意大利才定都罗马,真正完成统一大业。罗马教皇随后退居"国中国"梵蒂冈。意大利政府承认梵蒂冈拥有治外法权,也就是说,梵蒂冈被视为意大利之外的领土。

跻身强国之列的意大利有四项任务亟须完成:首先,在欧洲会议上获得话语权;其次,保持国家财政稳健;再次,建立殖民帝国;最后,让1878年依然流落境外的大批同胞返回。虽然最后一项任务难度最大,但意大利最终完成了全部光荣而艰巨的任务。

意大利殖民政策　殖民帝国建立之初,意大利举步维艰。一方面,截至1878年,大多数地盘已经被别国瓜分。另一方面,意大利开拓海外殖民地缺乏资金。不过,1889年,意大利获得了非洲红海岸边一片有价值的土地——索马里兰和厄立特里亚,并建立了殖民地。弗郎西斯科·克里斯皮担任意大利首相

弗郎西斯科·克里斯皮

奥利斯特·巴拉蒂里将军

期间，意大利政府试图把殖民势力拓展至埃塞俄比亚。然而，1896年，意大利厄立特里亚总督奥利斯特·巴拉蒂里将军所率远征军被埃塞俄比亚人在阿杜瓦歼灭。意大利随后放弃了殖民埃塞俄比亚的计划，把精力集中在邻近地区。1912年，意大利从土耳其夺取了的黎波里和昔兰尼加。

意大利的财政　1880年至1910年，经过路易吉·鲁萨蒂等几任财政大臣的不懈努力，意大利财政不仅负债为零，而且运行平稳。意大利实现了既定财政目标。在此期间，意大利里拉与法国法郎汇兑价值一样高。政府偿还旧债后，国债利息下降到3.5%。在钢铁工业与电气工业方面，意大利处于欧洲领先地位。

埃塞俄比亚人在阿杜瓦与意大利人交战

在阿杜瓦战场,埃塞俄比亚人战胜意大利人。

意大利沦陷区 对意大利来说，几乎不可能实现的任务是让流落在外的同胞回归祖国怀抱，并收复沦陷区。生活在沦陷区的意大利人一直处于奥地利的强权统治下。最终，等待多年的意大利，在第一次世界大战中找到了机会。

意大利的内忧 1878年至1914年，意大利实现了另一个宏伟目标——为了满足社会发展需要，意大利必须在欧洲会议上获得话语权。从1878年柏林会议到1913年圣詹姆斯会议，意大利参与了列强召开的每一次重要会议。意大利国王维克托·伊曼纽尔二世和首相加富尔伯爵卡米洛·奔索一起见证了意大利

维克托·伊曼纽尔二世

加富尔伯爵卡米洛·奔索

完成统一大业的辉煌与荣耀。1878年1月9日,意大利国王维克托·伊曼纽尔二世驾崩。二十九天后,维克托·伊曼纽尔二世的头号政敌教皇庇护九世去世。维克托·伊曼纽尔二世与教皇庇护九世尽管从未公开和解,但最后相处得还算和睦。在维克托·伊曼纽尔二世之子——翁贝托一世——统治下,1882年,意大利不仅加入三国同盟,还与法国在经济上达成共识。于是,意大利在欧洲的地位提高了。不过,作为强国,意大利必须供养庞大的军队,国家赋税非常沉重。过高的关税造成国内商品价格居高不下。1898年,意大利针对进口小麦征收每夸特十三先令的关税。因此,进口小麦被阻挡在意大利国门之外。然而,

维克托·伊曼纽尔二世驾崩

教皇庇护九世去世

当年意大利庄稼欠收,许多人忍饥挨饿,从而引发了"面包暴动"。此外,随之而来的还有极端社会党制造的威胁。1898年和1899年,人们万分惊恐地意识到,意大利有可能成为红色政权统治下的共和国。1900年,国王翁贝托一世前往米兰。当时,米兰局势紧张。不满和骚乱甚嚣尘上。社会党控制的米兰市政当局拒绝去火车站迎接国王。1900年7月9日,意大利国王翁贝托一世不顾个人安危,前去参加体操节开幕式。在民众中公开露面的翁贝托一世被无政府主义者刺杀。翁贝托一世的儿子维克托·伊曼纽尔三世像父亲一样勇敢无畏。不

翁贝托一世

翁贝托一世被无政府主义者刺杀

过,维克托·伊曼纽尔三世的个人修养更高,处事也更机智圆滑。在首相乔瓦尼·乔利蒂的辅佐下,维克托·伊曼纽尔三世重新恢复了意大利人民对政府的信心。

瑞典 在斯堪的纳维亚半岛国家中,瑞典的实力最强。1810年,当拿破仑·波拿巴向欧洲所有王国发号施令时,瑞典国王卡尔十三世特立独行,选定法兰西元帅让·巴蒂斯特·贝纳多特为王位继承人。说来奇怪,拿破仑·波拿

维克托·伊曼纽尔三世

乔瓦尼·乔利蒂

卡尔十三世

让·巴蒂斯特·贝纳多特

巴统治期间，让·巴蒂斯特·贝纳多特是唯一保留君权的新国王。1818年，瑞典国王卡尔十三世驾崩，古老的瓦萨王室绝嗣。卡尔十三世的养子让·巴蒂斯特·贝纳多特继承王位，史称"卡尔十四世"。让·巴蒂斯特·贝纳多特出自蓬泰科尔沃王室。拿破仑·波拿巴曾经封让·巴蒂斯特·贝纳多特为意大利蓬泰科尔沃公国之主。蓬泰科尔沃王室一直统治瑞典至今。

1814年，随着拿破仑帝国灭亡，几百年来一直属于丹麦的挪威并入瑞典。1905年，长期动荡不安的挪威决定独立。瑞典国王奥斯卡二世认为挪威去意已决，如果国家因此陷入战乱，毫无意义。根据《卡尔斯巴德公约》，1905年9月23日，瑞典同意挪威独立。边界根据两国之间斯堪的纳维亚山脉划定。

瑞典是山脉与森林的王国，工业化程度相当高，冶金业特别发达。瑞典人民普遍接受了良好教育。17世纪，随着文学的发展，瑞典的大学与图书馆的资

让·巴蒂斯特·贝纳多特继承王位，史称"卡尔十四世"

瑞典国王奥斯卡二世

源异常丰富。虽然瑞典经历了"三十年战争"的浩劫,但瑞典大学与图书馆的重要地位未被撼动。17世纪,瑞典处于著名的瓦萨王室统治之下。当时,瑞典人十分好战。如今,瑞典人不仅爱好和平,而且文明开化。一百多年来,瑞典未发动过一场战争。不过,瑞典拥有一支大军,以备不时之需。瑞典军队时刻准备着捍卫国土。

西班牙　与瑞典不同，西班牙从19世纪到20世纪一直动荡不安。1833年至1868年，伊莎贝拉二世统治时期，企图篡位的卡洛斯·德·波旁不断挑起内战。卡洛斯·德·波旁是伊莎贝拉二世的叔叔。西班牙四分五裂。1873年，西班牙成立共和国。不过，西班牙共和国仅仅存在了两年。1874年，被废黜的伊莎贝拉二世之子——波旁家族的合法继承人阿方索十二世复辟。1885年11月，阿方

伊莎贝拉二世

卡洛斯·德·波旁

索十二世驾崩,由克里斯蒂娜王后摄政。1886年5月17日,阿方索十二世的遗腹子出生,史称"阿方索十三世"。新国王继位时,国家混乱不安。不过,有谨慎机智的王太后克里斯蒂娜摄政,有兢兢业业的首相普拉克萨德斯·马特奥·萨加斯塔与勇敢无畏的元帅马丁内斯·德·坎波斯共同辅佐,国家渐渐有了起色。阿方索十三世成年后,既果敢又机智,颇具帝王风范。

美西战争 1898年,西班牙殖民地古巴持续多年的叛乱最终引发了美西争端,战争接踵而至。海军上将帕斯夸尔·塞韦拉·托佩特率领西班牙海军英勇作战,但最终惨败。美军不仅夺取了古巴与波多黎各,还征服了菲律宾。与古巴人不同,菲律宾人十分依赖西班牙。美国占据菲律宾之后,当地绅士埃米

阿方索十二世

克里斯蒂娜王后

阿方索十三世

普拉克萨德斯·马特奥·萨加斯塔

利奥·阿奎纳多先生带领游击队抵抗美军一年多（1899年2月至1900年4月）。然而，埃米利奥·阿奎纳多的游击队打不过美军，最后不得不停止抵抗。随后，埃米利奥·阿奎纳多退居乡野，过着平静的生活。菲律宾成为美国殖民地之后，一直由精明能干的美国人管理。最著名的是第一任菲律宾总督、后来的美国总统威廉·霍华德·塔夫脱和1921至1923年担任菲律宾总督的伦纳德·伍德将军。当然，菲律宾人十分渴望获得独立。美西战争后，古巴独立，成为共和国。波多黎各依然被美国人控制。

埃米利奥·阿奎纳多

威廉·霍华德·塔夫脱

西班牙工业发展 从经济发展角度来看,丧失了殖民地的西班牙能够更专注于国内发展,从而因祸得福。西班牙道路得到改善。宏伟建筑在首都马德里和主要城市拔地而起。国家的矿业,尤其是巴塞罗那邻近地区的矿业,飞速发展。巴塞罗那工业区的人们酝酿着社会主义革命。虽然暴动不断,但政府从未心慈手软。西班牙所有警察随身携带枪支,拥有自主使用权。不过,据说西班牙几乎从未发生过警察滥用枪支的情况。

摩洛哥问题 现在,西班牙国力强大。如果能圆满解决摩洛哥战争问题,西班牙将会恢复辉煌的历史地位。实际上,西班牙殖民帝国现在仅存摩洛哥海岸的梅利利亚。这里遍布岩石，部分地区没有水源，所以几乎没有任何经济价值。梅利利亚一直处于被包围状态，受制于里夫山区部落。西班牙军队装备精良，将士骁勇善战。然而，自1908年以来，在摩洛哥边远地区的战斗中，西班牙军队几乎未取得任何进展。1921年7月21日，在阿鲁伊山战役中，曼纽尔·费尔南德兹·西尔韦斯特将军率领的远征军在里夫覆没。然而，骄傲的西班牙人拒绝放弃梅利利亚。西班牙人的直觉的确很准。两年后，1923年8月22日，西班牙人在塔法罗音大获全胜，最终挽回了一些在阿鲁伊山战役中丧失的颜面。从本质来看，西班牙人亘古未变。即便是在与派系斗争中，崇尚古代勇士精神的西班牙人也披荆斩棘。

阿鲁伊山战役中的西班牙骑兵

曼纽尔·费尔南德兹·西尔韦斯特将军

土耳其 19世纪末与20世纪初,土耳其在二等强国中位居第三。土耳其之所以占据重要地位,不仅是因为其军队战斗力强,而且因为其首都位于战略要地。土耳其国土部分在欧洲,部分在亚洲,是连接东西方的桥梁。此外,土耳其还是重要的伊斯兰国家。伊斯兰教影响着小亚细亚、阿拉伯半岛、印度和东非。

15世纪早期,土耳其就扩张至欧洲,但直到1856年才被确定为欧洲国家。1856年3月30日,《巴黎和约》正式批准土耳其"进入国际公法与欧洲协调"。土耳其成为欧洲国家成员,其军事影响力与道德影响力得到欧洲认可。然而,不幸的是，即使与土耳其最亲近的国家也无法否认，土耳其并未恪尽职守。在解决欧洲国家共同面对的困难方面，土耳其或许起到了一定作用。不过，在话语权方面，土耳其一无所有。当其他欧洲强国竭尽全力禁止贩卖奴隶与倒卖军火，携手对抗伤寒、肺痨与饥荒时，土耳其无动于衷。土耳其对待基督教徒的态度十分恶劣。1889年与1895年土耳其对亚美尼亚人实施了两次大屠杀。苏丹阿卜杜勒·哈米德二世，1876年至1909年在位，实施专制统治。庞大的官僚机构专门为他服务。在政府机构中，身居高位的是清一色的土耳其人，其他民族受到压制。只有皈依伊斯兰教，其他民族的人才有机会在政府谋得一官半职。

苏丹阿卜杜勒·哈米德二世

土耳其议院

进步与统一委员会 1878年《柏林条约》让土耳其失去了位于欧洲的大片领土。此前不久,1876年,苏丹阿卜杜勒·哈米德二世颁布了一部宪法。土耳其组建内阁,成立参议院,通过选举产生众议院。然而,两年后,这部宪法就被束之高阁了。土耳其再次回归苏丹阿卜杜勒·哈米德二世的独裁统治。不过,土耳其出现了一个秘密政治团体——进步与统一委员会。进步与统一委员会由流亡海外的土耳其人在日内瓦建立,后来迁往巴黎。1906年,进步与统一委员会迁往马其顿重要港口城市萨洛尼卡。萨洛尼卡有许多希腊人与犹太人及大量土耳其驻军。年轻的土耳其军官纷纷加入进步与统一委员会。1908年,进步与统一委员会得到信仰伊斯兰教的犹太富商帮助,在满腔热血的马特·伊斯梅尔·恩维尔上校领导下,发动起义,要求苏丹阿卜杜勒·哈米德二世恢复《1876年宪法》。苏丹阿卜杜勒·哈米德二世无力对抗装备精良的叛军,最终恢复了宪法。按照英国政党模式,土耳其内阁与议会重新接管政权。不久,阿

穆罕默德五世

卜杜勒·哈米德二世被迫退位。1909年4月，苏丹的理想人选阿卜杜勒·哈米德二世性情软弱的弟弟——穆罕默德——继位，史称"穆罕默德五世"。

虽然阿卜杜勒·哈米德二世的统治已经结束，但阿卜杜勒·哈米德二世大量的思想依然在政府中以隐秘的方式存在。土耳其内阁与议会鲜有实权。进步与统一委员会依然在暗中掌控政府。马特·伊斯梅尔·恩维尔如今不再是"大人"，而是"帕夏"与"塔拉特"。虽然他的势力快速发展，但丝毫不讲道德。马特·伊斯梅尔·恩维尔打着土耳其民主宪法的旗号，密谋破坏欧洲政治秩序，夺回土耳其丧失的欧洲领土。马特·伊斯梅尔·恩维尔生前，一直在中东生事。1923年，在土耳其丛林发生的一场名不见经传的革命中，马特·伊斯梅尔·恩维尔暴亡。

除了一等强国与二等强国，欧洲还有许多小国。在解决欧洲问题方面，虽然这些国家的作用微乎其微，但其道德影响力不容小觑。

丹麦 丹麦由半岛与岛屿组成，拥有欧洲最古老王室，实行君主立宪制。丹麦既没有煤炭资源，也没有其他矿产资源，主要依靠农业。通过与农场主有效合作，丹麦政府使农业成为欧洲的典范。丹麦虽然是小国，但有强大的朋友做后盾。丹麦王室通过与英国王室、俄国皇室联姻，与它们联盟。

挪威 挪威是位于斯堪的纳维亚半岛的国家。自1905年独立以来，挪威王国一直处于丹麦国王腓特烈八世次子哈康七世统治之下。挪威拥有众多湖泊

哈康七世

与山脉,是欧洲人口最少的国家。由于土地贫瘠,挪威人把主要精力放在航海业上。如果按照人口比例来计算,挪威商船数目远远超过欧洲其他国家。

比利时 与挪威的情况非常相似,比利时曾经被1815年维也纳会议强行划归荷兰。1830年,比利时宣布独立。根据1839年4月19日签订的《伦敦条约》,比利时的独立得到欧洲列强的承认与保障。比利时第一位国王利奥波德一世

利奥波德一世

萨克森-科堡-萨尔费尔德公爵弗朗索瓦

既是德意志萨克森-科堡-萨尔费尔德公爵弗朗索瓦的幼子,也是英国维多利亚女王的舅舅。比利时第二位国王是利奥波德一世之子——利奥波德二世。1876年至1885年,在英国探险家亨利·莫尔顿·斯坦利帮助下,利奥波德二世在中非建立了私人领地——刚果自由邦。1909年,利奥波德二世驾崩,比利时政府将刚果自由邦收归国有。居于欧洲一隅的比利时虽然国土狭小,但成为殖民大国。随后,利奥波德二世三十四岁的侄子阿尔伯特一世继承王位。阿尔伯特一世通情达理,寡言少语,勤奋努力。他喜欢户外运动,对登山情有独钟。每年夏天,阿尔伯特一世都会在瑞士租住别墅,但从不显露身份。整个假期他都在攀登阿尔卑斯山脉的雪峰。比利时以工商业闻名。1914年,当国家主权受到威胁

维多利亚女王

利奥波德二世

亨利·莫尔顿·斯坦利

阿尔伯特一世

时，比利时人民和临危不惧的比利时国王阿尔伯特一世与欧洲各国并肩作战，担负起保卫国家的重任。

荷兰 荷兰是欧洲唯一一个早在几百年前就确立共和制并一直存在的国家。到了近代，荷兰才由共和国变为君主制国家。荷兰王室出自古老的奥兰治-拿骚家族。16世纪至18世纪末，奥兰治-拿骚家族带领荷兰人民度过了一次次危机。1814年，维也纳议会确定奥兰治亲王威廉为荷兰国王，史称"威廉一

奥兰治亲王威廉

荷兰国王威廉三世

世"。荷兰国王威廉一世同时兼任卢森堡大公。1890年，荷兰国王威廉三世驾崩，威廉三世的女儿威廉明娜继承王位。不过，根据《萨利克继承法》，卢森堡大公国由拿骚家族的一位远亲阿道夫继承。

国际法 荷兰虽然不算大国，但拥有辽阔、繁荣的殖民地。17世纪，阿姆斯特丹和鹿特丹的水手为荷兰开拓了殖民地。欧洲各国处于同一个贸易体系。不过，从国土比例来看，在绘画艺术和法律研究领域，没有哪个国家像荷兰一样做出如此巨大贡献。从17世纪的法学家乌戈·赫罗齐厄斯[①]开始，荷兰人在国

---

① 又译"许霍·格劳秀斯"。——译者注

威廉明娜

阿道夫

乌戈·赫罗齐厄斯

际法领域的建树一直遥遥领先。因此，1899年至1907年，海牙被确定为修订战争法的会议所在地。出于同样原因，国际联盟的国际仲裁常设法院也设在海牙。然而，国际联盟的办公地点和会议地点均设在瑞士日内瓦。

瑞士 1919年，国际联盟总部设在瑞士日内瓦。与荷兰一样，瑞士关注和平事业，因此成为中立国，并得到欧洲列强的一致认可。1815年维也纳会议确立瑞士中立国的地位后，瑞士曾两次（1871年和1914年）被迫调遣军队捍卫国土。不过，瑞士中立国的特殊地位从未遭受质疑。

与斯堪的纳维亚半岛诸国、比利时及荷兰有所不同，瑞士是共和国。瑞士不像法国实行的"单一制"，更像美国实行的"联邦制"。从国家层面来看，瑞士有政府与联邦议会。不过，二十二个行政区各自拥有独立的政府与议会。

国际红十字协会 19世纪中期，瑞士内乱不断，但从未发生过分裂。瑞士是内陆国家，没有殖民地，也没有海外扩张野心，致力于和平。瑞士参与的主要国际事务是积极推动红十字事业。1863年，国际红十字协会由亨利·杜南在日内瓦建立。其总部与活动中心均设在日内瓦。

瑞士公民的表决权与倡议权 瑞士善于在政治事务方面进行创新。瑞士宪法保障投票公民的"公民表决权"与"公民倡议权"。公民表决权意味着，如果三万公民请求修改联邦议会通过的某项法律，那么该项法律必须参考公民直接投票的结果。公民倡议权意味着，如果五万公民请求针对宪法问题投票，政府必须同意进行公民投票。比如，1922年，五万公民请求政府就征收私人财产的"财产税"进行公民投票。最终，1922年12月3日，经过全民投票，五万人请求投票的财产法未能通过。

瑞士人民得偿所愿了。实行公民表决与公民倡议非但没有让瑞士走向极端民主之路，反倒使瑞士一直沿着保守之路前进。1880年至1914年，许多外国人在瑞士定居，因为瑞士秩序井然、交税少、大学数量众多、管理良好。此外，瑞士人待人友好和善，瑞士风光美丽无限。

葡萄牙 在伊比利亚半岛上，国土面积不大的葡萄牙与西班牙比邻。葡萄

亨利·杜南

牙一直是英国的盟友。这恰好证明了国际关系中最重要的因素是感情与利益。14世纪以来,英国与葡萄牙一直通过各种条约结盟。16世纪的大航海时代,卢西塔尼亚人建立的葡萄牙王国虽然小若弹丸,但殖民了印度、非洲及美洲的大片土地。然而,随着卢西塔尼亚人逐渐去了东方和美洲新大陆,本土的卢西塔尼亚人越来越少。19世纪,葡萄牙殖民帝国海外领土只有印度果阿、莫桑比克的洛伦索马克斯与非洲其他少数领地及中国的澳门。1826年至1853年在位的葡萄牙女王玛丽亚二世终结了布拉干萨王室的统治。玛丽亚二世女王嫁给了后裔众多的萨克森-科堡家族的斐迪南。直到20世纪早期,葡萄牙一直由科堡家族统治。1908年,葡萄牙国王卡洛斯一世与阿梅莉亚王后及长子路易·菲利普坐车在里斯本街头行进时,遭遇刺客枪击,当场毙命。卡洛斯一世的次子仓促登基,史称"曼努埃尔二世"。曼努埃尔二世面对的是岌岌可危的王权与动荡不安的国家。他的处境与年轻的西班牙国王阿方索十三世极其相似。1910

葡萄牙女王玛丽亚二世

葡萄牙国王卡洛斯一世一家遇刺

年,一场革命爆发,葡萄牙建立了共和国。曼努埃尔二世流亡英国,过着绅士般安静、体面的生活。然而,这场革命并未改变葡萄牙与英国之间的关系。根据1661年和1815年与英国签署的条约,葡萄牙应尽义务由新成立的共和国承担。因此,第一次世界大战中,葡萄牙作为英国的忠实盟友参战。

葡萄牙共和国 共和国统治葡萄牙期间,国内一片混乱。内阁建立了又解散,没有一刻安宁。尽管党派之间勾心斗角,但政府依然运转。1906年至1914

第4章 欧洲各国的状况 | 129

年,葡萄牙的文化活动异常丰富,文学创作硕果累累,与乌烟瘴气的政治斗争形成鲜明对比。

巴尔干诸国　巴尔干诸国原本是相对落后的土耳其行省,后脱离土耳其,实现了独立。每个巴尔干半岛国家都有独立的理由。

希腊　1864年以来,希腊一直由丹麦王室的一个分支统治。作为一个现代国家,希腊不仅拥有良好的教育体系,还拥有精良的海军与陆军。希腊人无法忘记他们是盛极一时的古雅典人与斯巴达人的后代。希腊人与古雅典人别无二致,都热衷于政治,常常将一腔热血化作爱国情怀。埃莱夫塞里奥斯·韦尼泽洛斯担任首相之前,1882年到1895年,卓越的政治家查理劳斯·特里库皮斯

埃莱夫塞里奥斯·韦尼泽洛斯

乔治一世

一直担任首相。第一位拥有丹麦血统的希腊国王是乔治一世。1863年到1913年,他一直统治着希腊,直到最后在萨洛尼卡不幸遇刺身亡。

塞尔维亚 塞尔维亚人喜欢被称作"巴尔干半岛的皮埃蒙特人"。塞尔维亚人是一个战斗民族。在本地贵族领导下,塞尔维亚人不懈努力,最终赢得了自由。19世纪末,塞尔维亚人不仅在贝尔格莱德建立了大学,而且按照法国公立中等学校模式,建立了中学教育制度。塞尔维亚国家不大,但拥有一支庞大

乔治一世遇刺

乔治一世的葬礼

的军队。有政治头脑的军队高官一手遮天。1903年,在军队高官密谋下,塞尔维亚发生了举世震惊的谋杀国王亚历山大一世与德拉加王后事件。卡拉格奥尔基王朝结束,卡拉乔治维奇王朝开始。塞尔维亚带着沉痛,步入了20世纪。然而,进入20世纪以来,直到1912年至1913年的巴尔干半岛战争,在卡拉乔治维奇王朝彼得一世统治下,塞尔维亚平稳发展。从1903年到1921年,彼得一世一直统治着塞尔维亚。

塞尔维亚国王亚历山大一世

塞尔维亚国王亚历山大一世与德拉加王后被刺杀

黑山 黑山与塞尔维亚比邻。这里的居民也是塞尔维亚人。黑山最初由世袭主教的彼德罗维奇主教家族统治,王位通常叔侄相传。从1851年开始,黑山成为父子相传的普通公国。1860年,尼古拉大公正式成为黑山大公。直到第一次世界大战爆发,黑山在尼古拉大公统治下既繁荣又稳定。尽管尼古拉大公只是"小山之国"的君主,但他的女儿纷纷嫁入欧洲贵族家庭。尼古拉大公的次女黑山的米莉卡和三女黑山的阿纳斯塔西亚的分别嫁给了俄国贵族彼得·尼古拉耶维奇大公和尼古拉·尼古拉耶维奇大公。另一个女儿黑山的埃琳娜嫁给了意大利国王维克多·伊曼纽尔三世。1910年,尼古拉大公自立为王,史称"尼古拉一世"。1921年,尼古拉一世驾崩,黑山王国并入塞尔维亚-克罗地亚-斯洛文尼亚王国。

尼古拉大公

黑山的米莉卡

黑山的阿纳斯塔西亚

黑山的埃琳娜

保加利亚 保加利亚是农业国家。根据1878年柏林会议，保加利亚获得自治权。保加利亚没有贵族与大地主，几乎没有"中产阶级"。在保加利亚首都索菲亚，农民纷纷进入议会成为议员。出类拔萃之人还可能成为内阁大臣。1879年至1886年，保加利亚一直由巴腾堡的亚历山大统治。1886年至第一次世界大战，保加利亚由来自科堡家族的斐迪南大公统治。1908年，斐迪南大公称帝，史称"斐迪南一世"。

罗马尼亚 从严格意义上来说，位于多瑙河以北的罗马尼亚不属于巴尔干半岛国家。1856年之前，罗马尼亚一直臣服土耳其。然而，罗马尼亚是一个古老

巴腾堡的亚历山大

斐迪南一世

国家。15世纪起,罗马尼亚一直由土耳其苏丹任命的总督管理。罗马尼亚总督又被称作"大公"。通常,罗马尼亚总督不是来自土耳其普通家庭,而是来自君士坦丁堡法纳尔区富有的希腊家庭,或者来自罗马尼亚当地有影响力的家族。摆脱土耳其统治后,罗马尼亚人没有选择无所不在的科堡家族后裔,而是接纳了更加古老的普鲁士王室家族——霍亨索伦家族——的旁系后裔。1881年至1914年,罗马尼亚由霍亨索伦-西格马林根王朝统治。开国之君是卡罗尔一世。1866年至1881年,卡罗尔一世是罗马尼亚大公。

卡罗尔一世

在卡罗尔一世的英明领导下，罗马尼亚彻底转变为一个现代国家。作为欧洲重要的产油区与产粮区，罗马尼亚经济十分繁荣。在欧洲，罗马尼亚首都布加勒斯特享有"小巴黎"的美誉，贵族豪宅星罗棋布。尽管斯拉夫血统早已融入罗马尼亚人，但罗马尼亚人从未忘记自己是罗马帝国皇帝图拉真的军团的后裔。他们崇尚的拉丁文化与东南欧的斯拉夫文化或条顿文化截然不同。尽管卡罗尔一世来自霍亨索伦家族，但与罗马尼亚建立友好关系的是意大利与法国。

小国 欧洲主要由大中型国家构成，但小封建城邦并未完全消失。高耸入云的比利牛斯山脉环抱着安道尔山谷。安道尔是一个袖珍邦国，这里只有几千个农民。它由法国官员与西班牙乌格尔主教轮流管理。阿尔卑斯山脉东部的列支敦士登是独立公国，由来自奥地利大贵族家庭的亲王统治。列支敦士登的大部分税收来自大公约翰二世的私人财产。亚平宁山脉中的圣马力诺是国土面积几平方英里的共和国。圣马力诺曾是意大利的一个城邦，后来与意大利签订条约获得独立。摩纳哥是由非常古老的格里马尔迪家族统治的公国。在世代亲王的统治下，摩纳哥的国家魅力与这里的自然风光媲美。卢森堡是大公国，面积相当于英国中等面积的郡。卢森堡人口不多，但充满活力。不过，卢森堡人一直无法确定自己的文化更倾向于法国、德国还是荷兰。

小国的实力 在旅行家与历史学家眼中，这些独立的小国不仅风景如画，而且浪漫十足。然而，在欧洲体系中，这些小国显得无足轻重。一方面，它们没

列支敦士登大公约翰二世

有军队；另一方面，它们未形成有影响力的道德体系。这些小国即使发出声音，基本也无人理会，因为肩负欧洲重任的是那些强国。

教皇　教皇的影响力巨大。教皇庇护九世去世后，新教皇利奥十三世心甘情愿地退居梵蒂冈。不过，教皇利奥十三世颇有政治家风范，善于斡旋。教皇利奥十三世在世俗教育政策上与德国政府、法国政府存在分歧。不过，教皇与各国关系逐步改善。第一次世界大战后，1922年当选教皇的庇护十一世在位期间，梵蒂冈与包括意大利王国在内的中欧与西欧各国保持着十分融洽的关系。

第 5 章

巴尔干问题

1879年至1914年,欧洲强国之间的关系至少表面上看来很友好。除各国内部事务之外,最引人瞩目的当属巴尔干问题。

《柏林条约》 1878年《柏林条约》与1815年《维也纳条约》十分相似。《维也纳条约》想要解决中欧与西欧的问题。《柏林条约》想要一劳永逸地解决巴尔干问题。根据《柏林条约》,保加利亚从土耳其帝国的多瑙河行省分出

《柏林条约》签订现场

来。塞尔维亚、黑山与罗马尼亚的领土扩大。《柏林条约》规定，土耳其帝国的行省波斯尼亚与黑塞哥维纳由奥匈帝国管理。《柏林条约》第二十三条规定，土耳其苏丹承诺改善对马其顿的统治。希腊未能从《柏林条约》得到任何好处。《柏林条约》签订前的条约规定：塞浦路斯归英国管理。

之后三十年，《柏林条约》作为巴尔干国家宪章，一直是巴尔干国家公法的基础。土耳其在欧洲的领土大大缩减。列强希望土耳其的统治更令人满意、更有效率。

达尔奇诺事件 在执行过程中，《柏林条约》需要受到监督。黑山问题一开始就比较棘手。根据《柏林条约》第二十八条规定，小公国黑山获得了阿尔巴尼亚人的两个村子——古西涅和普拉瓦及其他几处地方，其领土扩大了。然而，作为土耳其帝国的臣民，阿尔巴尼亚人不愿放弃这两个村子。多次协商未果后，欧洲列强甚至在阿尔巴尼亚海岸陈兵示威。1880年，土耳其最终将达尔奇诺港交给黑山，但没有交出古西涅和普拉瓦。根据《柏林条约》，黑山原本已经获得安提瓦里的一个小港。如今，黑山又获得达尔奇诺港。因此，它已经拥有长达三十英里的海岸线。黑山大公尼古拉打算在达尔奇诺建设温泉疗养馆和赌场。然而，这个想法转瞬即逝。黑山海岸最终未能成为"亚得里亚海的蒙特卡洛"。

色萨利 1878年，希腊非常渴望能调整国界。事实上，骁勇善战的希腊人很有政治头脑，没有参加1878年俄土战争。希腊虽然没有遵守承诺与俄国并肩作战，至少有希望以和平的方式获得土地。根据《柏林条约》，土耳其政府已经做出了巨大让步。当列强提出希腊也要有所得时，土耳其政府自然置若罔闻。希腊人感觉受到了欺骗。1880年，希腊政府调遣军队，威胁对土耳其动武。由于无法容忍巴尔干爆发战争，欧洲列强组成一支联合舰队进行阻挠。最后，希腊政府明智地放弃了凭借武力调整国界的打算。1881年，希腊终于得到了应有的回报。在列强的诱导下，土耳其人将资源丰富的色萨利省（居民几乎都是希腊人）割让给了希腊。

东鲁米利亚 1885年，在1878年《柏林条约》确立的欧洲体系之下，保加利亚引发了一场令人胆战心惊的小危机。1878年柏林会议产生了保加利亚公国。经过多次讨论，柏林会议才慎重做出决定，将保加利亚边界定为北起多瑙河，南至巴尔干山脉。在巴尔干山脉以南，即巴尔干山脉与土耳其之间，是柏林会议上产生的东鲁米利亚自治省。东鲁米利亚是一个新名称，至今无人理解其意。东鲁米利亚主要居民是保加利亚人。之所以取名东鲁米利亚，是为了强调它不属于新产生的保加利亚公国，与它没有任何关系。东鲁米利亚的宗主国是土耳其，总督是基督徒，首府是马里查河上的菲利波波利。

巴腾堡的亚历山大　1879年，列强指定巴腾堡的亚历山大为保加利亚大公。巴腾堡的亚历山大是德意志人，俄国沙皇亚历山大二世的妻侄①，一个出

俄国沙皇亚历山大二世

---

① 亚历山大二世之妻黑森的玛丽是巴腾堡的亚历山大的姑姑。——译者注

类拔萃的军人。1877年至1878年俄土战争中,巴腾堡的亚历山大加入了俄军。返回德意志后,他在波茨坦的普鲁士驻军任职。其间,他接受了保加利亚大公之位,史称"亚历山大一世"。当时,亚历山大一世年仅二十五岁,没有任何政治经验。

保加利亚人渴望东鲁米利亚同胞回归祖国,而东鲁米利亚人归心似箭。强烈的民族感情在无形中感染了亚历山大一世。1885年9月,菲利波波利爆发了革命。民族主义领袖宣布东鲁米利亚加入保加利亚公国。在内阁大臣斯特凡·斯塔姆博洛夫的敦促下,亚历山大一世决定接纳东鲁米利亚。亚历山大一世率领公国军队进入菲利波波利,与东鲁米利亚军队组成联军。

斯特凡·斯塔姆博洛夫

本杰明·迪斯雷利

然而，土耳其与欧洲列强的影响力依然不可小觑。令人颇感意外的是，土耳其政府只发表了官方抗议。虽然俄国政府态度比较强硬。但英国政府在首相罗伯特·盖斯科因-塞西尔领导下，一反1878年在柏林会议的立场，表示完全支持保加利亚联军。当初，俄国政府一直想建立包括东鲁米利亚在内的"大保加利亚"。英国政府在两任首相本杰明·迪斯雷利和罗伯特·盖斯科因-塞西尔共同努力下，阻止了俄国政府的计划。事实上，英国政府态度转变的原因是1878年它已经开始担心"大保加利亚"会成为俄国的利用工具。然而，1878年至1885年，亚历山大一世领导的保加利亚政府一直对俄国不卑不亢。于是，在英国政府的影响下，东鲁米利亚与保加利亚合并得到默许。

斯利夫尼察战役

斯利夫尼察战役 然而，保加利亚邻国塞尔维亚竭力反对此事。塞尔维亚政府提出，既然保加利亚领土有所增加，塞尔维亚的领土也应该增加。接着，争端演变成了战争。1885年11月，塞尔维亚军队穿过了边境。最后，在巴尔干半岛西部风景如画的村庄——斯利夫尼察——遇到了亚历山大一世率领的保加利亚军队。战斗持续了三天。战斗中，保加利亚首都索菲亚受到另一支塞尔维亚军队的威胁。于是，英勇无畏的亚历山大一世不得不离开战场，返回索菲亚。最终，塞尔维亚人惨败。保加利亚与东鲁米利亚正式合并。

绑架亚历山大一世 斯利夫尼察战役大获全胜之后，亚历山大一世未能安享胜利果实。巴尔干政治非常独特，传奇色彩与悲剧色彩相互交织。1886年8月21日，一批保加利亚军官觉得自己在斯利夫尼察战役中劳苦功高，但未得到足够犒赏，便执枪闯入宫殿，绑架了亚历山大一世。这些军官乘坐蒸汽游艇沿着多瑙河顺流而下，将亚历山大一世送到俄国的雷尼港。这些军官是国家叛徒。宫廷卫兵收受他们的贿赂，与他们是一丘之貉。然而，保加利亚人民一直对勇敢的亚历山大一世忠心耿耿。一个星期后，亚历山大一世便重新回到首都索菲亚。不过，俄国政府不喜欢亚历山大一世。亚历山大一世曾向沙皇亚历山大三世发电报，但遭到了冷遇。亚历山大一世随后退位，返回军中与昔日友人重聚。这次，他加入了奥匈帝国军队。

斐迪南·马克西米利安 一连数月，保加利亚群龙无首。首都索菲亚派出代表前往欧洲各国寻找的合适君主人选。最终，在维也纳，有人推荐了科堡家族年轻而富有的军官——斐迪南·马克西米利安。此时，斐迪南·马克西米利安正在奥匈帝国军队服役。保加利亚接受了这一提议。未经欧洲列强同意，斐迪南·马克西米利安便来到中世纪保加利亚王国的首都特尔诺沃。1887年7月，他登上大公之位，史称"斐迪南一世"。当初，亚历山大一世备受俄国冷遇。新大公斐迪南一世对俄国的冷遇不屑一顾。斐迪南一世很有主见，其地位十分稳固。一连几年，直到埃莱夫塞里奥斯·韦尼泽洛斯担任希腊首相，斐迪南一世一直是巴尔干政坛的风云人物。

继东鲁米利亚之后，克里特岛与马其顿是打破巴尔干平静局面的另外两个问题地区。这两个地区借助欧洲各国政府不断制造事端。

克里特问题 克里特岛是古希腊文明的发源地之一。因此，作为现代国家，希腊自然渴望得到克里特岛。克里特岛多数居民是希腊人，他们一直盼着回归希腊。然而，与马其顿一样，克里特岛是土耳其在欧洲的领土。1886年，当保加利亚和东鲁米利亚实现统一时，克里特岛要求回归希腊呼声日高。然而，欧洲列强反对克里特岛回归希腊，可以随时派出舰队封锁克里特岛。1889年，克里特岛发生骚乱，最后演变为反对土耳其统治的暴动。之后，克里特岛暴动不断，但规模都不太大。

希土战争 1896年，克里特岛起义的大火比以往更烈。克里特岛的穆斯林与基督徒互相残杀。迫于舆论的压力，希腊政府派出一支远征志愿军声援克里特岛的希腊人。然而，一直在克里特岛附近海域游弋的列强舰队出面干预。

保加利亚军官执枪悯囚人宫殿

亚历山大一世被绑架,被逼写下退位诏书

之后十年，欧洲列强海军一直驻扎在克里特首府哈尼亚。1897年，希腊国内群情激愤。很快希土战争爆发。其实，如果不是希腊国内呼声高涨，加上众多英国议员的鼓动，谨小慎微的希腊国王乔治一世根本不会参战。战争仅仅持续了三十天。不过，对希腊军队来说，这是一场彻头彻尾的灾难。在欧洲列强干涉下，希腊得到了解脱，最终走向了和平。与此同时，德国与奥匈帝国退出了"东部协调组织"。因此，处理克里特问题的欧洲强国缩减至四个国家，即英国、法国、俄国与意大利。

希腊王子乔治 在欧洲四大强国诱导下，土耳其承认了克里特岛自治。希腊国王乔治一世次子乔治王子担任克里特总督。在一段时间内，克里特问题得

乔治王子

到了部分解决。1898年至1905年，乔治王子担任克里特总督期间，颇受岛内居民欢迎。乔治王子卸任后，希腊前首相亚历山德罗斯·柴伊米斯担任克里特岛总督。看起来，克里特岛内的秩序已经恢复。1908年，经过协商，欧洲列强的驻军准备撤离哈尼亚。如果不是受到外部影响，克里特岛或许会一直平静下去。随着奥匈帝国吞并波斯尼亚与黑塞哥维纳及其产生的各种连锁反应，克里特岛突然沸腾了。这次，克里特人虽然没有动用武力，但公然藐视列强。克里特人声称要回归希腊，建立了临时政府，由名噪一时的克里特政治家埃莱夫塞里奥斯·韦尼泽洛斯掌权，代表希腊国王乔治一世管理岛内事务。

克里特回归希腊　希腊政府一方面打算收回克里特岛，另一方面顾虑重重，感觉此举欠妥。欧洲列强对希腊政府的态度十分满意，便将军队从哈尼亚撤离。尽管克里特人开始向希腊议会派议员，但雅典政府不愿接纳。1910年10月，希腊国内政治形势十分严峻。国王乔治一世命埃莱夫塞里奥斯·韦尼泽洛斯任首相。至此，希腊局势渐渐明朗起来。明智的埃莱夫塞里奥斯·韦尼泽洛斯决不会公开抵制列强，但克里特岛不久便会与希腊合二为一。在1912年巴尔干战争中，与巴尔干联军交战的土耳其军队吃了败仗。最终，希腊收回了克里特岛。

亚美尼亚问题　巴尔干和地中海东部地区像一个即将引燃的火药桶，克里特岛只是其中的部分燃料。亚美尼亚形势也不容乐观。亚美尼亚人大部分是基督徒（约一百万），但受土耳其人统治。亚美尼亚人最危险的邻居不是土耳其安纳托利亚的农民——尽管这些农民一旦受到鼓动，就可能会走极端，而是信奉伊斯兰教的库尔德人。整个19世纪，亚美尼亚人不断遭到屠杀，但土耳其政府几乎未曾制止。1896年，生活着许多亚美尼亚商人的君士坦丁堡发生了大屠杀。这次大屠杀似乎得到土耳其政府暗中支持。1908年，青年土耳其党发动了"宪政改革"，但亚美尼亚人的命运并未因此而改变。1909年，小亚细亚西南部的阿达纳发生了几场大屠杀。大屠杀不仅充斥着杀戮，还充斥着毁尸和其他暴行。人们想一想都会不寒而栗。

土耳其人屠杀亚美尼亚人

土耳其人屠杀亚美尼亚妇女

列强的态度　不过,亚美尼亚问题并未引发大规模战争。法国、英国、俄国、美国虽然想终止亚美尼亚人的痛苦,但不愿动武。巴尔干国家为了各自的利益忙于抵抗土耳其。令人奇怪的是,德国与奥匈帝国似乎对亚美尼亚人的遭遇漠不关心。事实上,1898年,德皇威廉二世专程访问了君士坦丁堡与巴勒斯坦。1903年,土耳其政府特许德国财团在巴格达修建铁路。因此,德国政府一直在拉近与土耳其政府的关系。

美国近东救济会为亚美尼亚大屠杀制作的筹款海报

马其顿 与亚美尼亚问题不同，马其顿问题导致了一场大战。长期以来，马其顿农业一直遭受土耳其人的压制。1878年后，马其顿农民开始对土耳其人的倒行逆施有了清醒认识。不少马其顿人生活在塞尔维亚、保加利亚、希腊和和罗马尼亚。目睹同族所在国家——塞尔维亚、保加利亚、希腊和罗马尼亚纷纷取得独立，并且呈现出一派欣欣向荣的景象，马其顿人渐渐觉醒，渴望获得自由。

马其顿委员会 根据《柏林条约》第二十三条规定，土耳其承诺改变马其顿现状，改革管理方式。然而，土耳其言而无信，根本没有采取任何举措。随着内外矛盾日益尖锐，马其顿人不满情绪与日俱增，一场起义正在酝酿之中。1899年，为了实现马其顿自治，马其顿委员会成立。与希腊友谊社、意大利烧炭党的目标一样，马其顿委员会的目标也是争取国家自由。不久，马其顿委员会追随者武装起来，揭竿而起，打破了马其顿人的平静生活。

"米尔茨施泰格计划" 1903年，除了德国，英国、法国、俄国、意大利和奥匈帝国采纳了一个已经确定的计划。该计划的草案由奥匈帝国与俄国首次提出，在施第里尔的米尔茨施泰格拟定，史称"米尔茨施泰格计划"。"米尔茨施泰格计划"得到土耳其政府默认。根据"米尔茨施泰格计划"，刚果的德拉马地区由英国军官指挥的一支宪兵管辖。马其顿的塞雷斯由法国军官管辖。希腊的萨洛尼卡由俄国管辖。突尼斯的莫纳斯蒂尔归意大利。马其顿的斯科普里由奥匈帝国管辖。"米尔茨施泰格计划"虽然缓解了当前局势，但无法让巴尔干各国与马其顿人满意，马其顿北部大片土地依然没有得到妥善处置。巴尔干各国政府心仪的计划（彻底解决各国之间纷争的计划）是马其顿成为基督总督管辖下的自治省，正如东鲁米利亚或1832年至1913年的萨摩斯。

巴尔干国家 随着巴尔干各国实力日益强大，它们开始向土耳其政府施压。巴尔干各国迫切希望，土耳其政府能根据《柏林条约》第二十三条在马其顿实施改革。如果土耳其政府不答应，巴尔干各国便发动战争。然而，真正的困难在于如何让矛盾重重的巴尔干各国团结一致。一旦巴尔干内部矛盾引发自相残杀，那么与土耳其作战，它们只会落得竹篮打水一场空。

两件事最终促成了巴尔干各国的团结：第一，青年土耳其党人革命；第二，奥匈帝国吞并波斯尼亚与黑塞哥维纳。两件事都发生在1908年。青年土耳其党，即总部设在萨洛尼卡的统一与进步委员会，推翻了阿卜杜勒-哈米德二世独裁统治后，将土耳其建成拥有内阁与议会的君主立宪制国家。这次革命让西欧各国拍手称快。至少表面看来，土耳其正在转变为拥有高效政府的现代国家。然而，巴尔干各国认为，对它们来说，革命后的土耳其一旦稳定了局势，就将成为巨大的威胁。于是，巴尔干各国开始相互靠拢。

吞并波斯尼亚与黑塞哥维纳 从多方面来看，青年土耳其党人革命最初的确是一件好事。不久，土耳其革命便变质了。然而，奥匈帝国吞并波斯尼亚与黑塞哥维纳事件从始至终都是坏事。该事件由奥匈帝国外交大臣阿洛伊斯·莱克萨·冯·埃伦塔尔一手策划。奥匈帝国单方面抛弃了《柏林条约》第二十五条规定的庄严义务。《柏林条约》第二十五条规定，波斯尼亚与黑塞哥

青年土耳其党人革命版画：庆祝新宪法

阿洛伊斯·莱克萨·冯·埃伦塔尔

维纳主权归土耳其,统治权归奥匈帝国。不可否认的事实是,在奥匈帝国近三十年的统治之下,波斯尼亚与黑塞哥维纳秩序井然。对奥匈帝国来说,即使吞并了波斯尼亚与黑塞哥维纳,现状也不会改变。然而,这意味着奥匈帝国公然违反《柏林条约》。当然,1885年保加利亚吞并东鲁米利亚也违反《柏林条约》。但保加利亚不是《柏林条约》的缔约方。无论如何,奥匈帝国作为代表国际道义的大国之一,严重违反了维护巴尔干地缘政治体系的《柏林条约》。于是,积累已久的巴尔干问题进一步恶化。可以说,从奥匈帝国违反《柏林条约》第二十五条那一刻起,巴尔干国家就失去了往日的安宁。奥匈帝国也为此付出了代价。吞并波斯尼亚与黑塞哥维纳引发了连绵不断的动乱与战争,最终导致奥匈帝国于1918年走向彻底毁灭。

1908年危机 波斯尼亚与黑塞哥维纳主要居民是塞尔维亚人。因此,战争的首要威胁来自塞尔维亚。塞尔维亚军队已经接到动员命令,准备与奥匈帝国军队作战。与此同时,奥匈帝国军队也进入战备状态。战争当然不会限制在多瑙河河谷,整个欧洲上空笼罩着战争的阴云。后来,塞尔维亚被说服,遣散了军队。于是,危机得到了缓和。然而,战争的阴影并未消散,巴尔干各国的矛盾再也无法掩盖。

的黎波里战争 事实上,首先开始军事行动的是意大利。关于意大利人在的黎波里和昔兰尼加的权利问题,意大利与土耳其一直存在争议。这场战争又被称作"利比亚战争",从1911年9月一直持续到1912年秋,随着1912年10月18日

土耳其人在利比亚向意大利人投降

签订《洛桑条约》

《洛桑条约》的签订而结束。最终,土耳其将利比亚割让给意大利。原来,土耳其与巴尔干国家爆发了一场规模更大战争,史称"第一次巴尔干战争"。土耳其别无选择,只能与意大利握手言和。巴尔干战争与非洲殖民地的命运无关,而与马其顿和色雷斯的命运有关。战火最后差点烧到君士坦丁堡。

巴尔干联盟 既有影响力又有远见卓识的希腊政治家——埃莱夫塞里奥斯·韦尼泽洛斯推动巴尔干国家组建了联盟。1910年,埃莱夫塞里奥斯·韦尼泽洛斯担任希腊首相。不久,他便蜚声巴尔干政坛。埃莱夫塞里奥斯·韦尼泽洛斯不仅成功解决了克里特岛问题,而且奠定了希腊与西欧各国良好关系的基础。1910年至1912年,据说,在精明的保加利亚国王斐迪南一世配合下,埃莱夫塞里奥斯·韦尼泽洛斯促成巴尔干各国——希腊、塞尔维亚、黑山和保加利亚——结联,共同对付奥匈帝国(如果奥匈帝国继续蚕食萨洛尼卡)与土耳其。

第一次巴尔干战争 1912年,关于马其顿改革问题,巴尔干各国政府与土

希腊军队攻入萨洛尼卡

耳其政府之间照会频繁。由于对土耳其政府答复十分不满,巴尔干联盟向土耳其宣战。1912年10月8日,黑山军队首先出动,攻入土耳其的桑扎克。接着,希腊军队、塞尔维亚军队和保加利亚军队分别进入萨洛尼卡、斯科普里和阿德里安堡作战。

这样看来,土耳其在欧洲的领土岌岌可危了。土耳其军被巴尔干军队打败。1912年10月26日,塞尔维亚军队取得斯科普里大捷。1912年11月8日,希腊军队取得萨洛尼卡战役的胜利。保加利亚军队打得更漂亮。保加利亚军队横扫色雷斯,在吕莱布尔加兹战役中连续作战五天,最后打到距君士坦丁堡不到三十英里的恰塔尔贾。在恰塔尔贾战役中,土耳其军队重整旗鼓。最终,擅长打保卫战的土耳其军队守住了恰塔尔贾,1912年11月18日保住了君士坦丁堡。然而,在塞尔维亚军队帮助下,1913年3月26日,保加利亚军队夺取了阿德里安堡,土耳其军队因急于赶往恰塔尔贾,不得不放弃深陷重围的阿德里安堡。

《伦敦条约》　与此同时，从1912年12月16日开始，在爱德华·格雷子爵主持下，欧洲列强在伦敦的圣詹姆斯宫召开会议，探讨结束战争的办法。1913年5月13日，土耳其和巴尔干联盟签署了《伦敦条约》。土耳其同意割让埃内兹至米迪纳以西（除阿尔巴尼亚之外）的欧洲土地。土耳其割让的土地经巴尔干同盟国家协商后再分配。第一次巴尔干战争结束了，土耳其的欧洲领土仅剩下君士坦丁堡、加里波利半岛与马尔马拉海北部海岸地带。随后，阿尔巴尼亚成为独立国家。

第二次巴尔干战争　1913年5月13日，《伦敦条约》签订。第一次巴尔干战争随之结束。然而，第二次巴尔干战争的序幕同时揭开。尽管巴尔干各国之前已经签署再次分配土耳其割让土地的协议，但土耳其真的割让土地后，巴尔干各国无法统一意见，所签协议根本无法生效。巴尔干各国对在战争中的贡献争论不休，纷纷宣称比别国付出更多，要求更改旧协议。再加上新独立国家——阿尔巴尼亚，土耳其割让土地的分配问题变得更加复杂。1913年6月29日，保加利亚政府派出军队攻打马其顿前线的塞尔维亚军队。随后，双方便爆发了一场短暂的激战。在罗马尼亚军队的干预下，战役很快便结束。罗马尼亚并未参加第一次巴尔干战争。这次，罗马尼亚军队跨过多瑙河，直抵保加利亚首都索菲亚。1913年7月31日，当罗马尼亚军队进逼普列文纳时，保加利亚政府屈服了。一场没有列强参与的和平会议在罗马尼亚首都布加勒斯特召开。1913年8月10日，希腊、塞尔维亚、黑山、罗马尼亚和保加利亚签署了《布加勒斯特条约》。

《布加勒斯特条约》　英国坚持《伦敦条约》，否认《布加勒斯特条约》。欧洲列强中，只有德国承认了《布加勒斯特条约》。德皇威廉二世向罗马尼亚国王斐迪南一世发了贺电。《布加勒斯特条约》埋下了巨大的隐患。尽管第一次世界大战并非由《布加勒斯特条约》直接引发，但它加速了1914年第一次世界大战的到来。根据《布加勒斯特条约》，希腊获得马其顿南部与萨洛尼卡。塞尔维亚获得马其顿北部和斯科普里。在第二次巴尔干战争中，保加利亚虽然属于战败国，但获得了实际利益，尽管这不是第一次巴尔干战争后保加利亚

昌莱布尔加兹战役

恰塔尔贾战场上的保加利亚军队

签订《伦敦条约》

签订《布加勒斯特条约》

应得利益。保加利亚获得了色雷斯南部及泽泽阿加赫——爱琴海港口城市。同时,保加利亚必须将自己的一片土地割让给罗马尼亚。趁着巴尔干联盟内讧,土耳其重新夺回了被保加利亚占据的阿德里安堡。

第6章
三国同盟与三国协约

欧洲问题 1878年至1906年,巴尔干问题是最棘手的国际问题。之后,随着德国海军不断壮大,三国协约出现了。欧洲危机四伏——与巴尔干问题并无特别关联,很可能引发战争。

1878年至1906年,虽然欧洲各国最关注巴尔干问题,但巴尔干问题并非唯一问题。法德关系、德俄关系、俄奥关系、意奥关系及英法关系让各国政治家深感不安。

德奥两国同盟 1879年10月7日,德奥两国同盟建立,欧洲列强关系出现了转折点。1866年,普鲁士军队大败奥地利军队。不过,普鲁士王国首相奥托·冯·俾斯麦十分谨慎,非但没有趁机羞辱骄傲的哈布斯堡王朝,反倒开出了非常宽松的条件。1870年至1871年普法战争中,奥匈帝国保持中立,没有阻挡普鲁士军队。普法战争结束后,德意志帝国建立,奥匈帝国依然没有表现出任何敌意。1879年10月7日,德意志帝国首相奥托·冯·俾斯麦与奥匈帝国外交大臣久洛·安德拉希签订了防御同盟协议。两国建立防御同盟的目的是确保奥匈帝国免受俄国威胁,确保德国免受法国威胁。奥托·冯·俾斯麦一直担心法国与其他强国联手,谋夺阿尔萨斯-洛林。退出政坛之后,奥托·冯·俾斯麦在个人回忆录《思考与回忆》中写道:"一想到法国与其他国家结盟,我就噩梦连连。"

作为防御手段，德奥两国结盟无可厚非。然而，奥匈帝国通过《德奥同盟条约》附属草案，保留了"在任何恰当时机"吞并波斯尼亚与黑塞哥维纳的权利。实际上，这不仅是违反《柏林条约》的阴谋，也是蓄意破坏欧洲和平的诡计。最终，这促成了1908年奥匈帝国吞并波斯尼亚与黑塞哥维纳的骇人行动，从而引发了蔓延整个欧洲的深重灾难。

德奥两国同盟与德奥两个帝国最终都灰飞烟灭了。根据《德奥同盟条约》，两国共同参加世界大战，并在战争中并肩作战。最终，在外国军队与内部革命共同作用下，哈布斯堡王朝与霍亨索伦王朝走向了灭亡。

三国同盟 与德奥两国同盟相比，声名更盛的三国联盟显得不那么重要。德奥两国同盟是一个真实有效的实体。"一旦德奥任何一方受到俄国攻击"，缔约双方将共同反击。然而，1882年5月20日形成的三国同盟更加复杂。三国利益与目标不如两国容易调和。三国同盟的第三国——意大利——的目标与德国有所不同，与奥匈帝国相去甚远。因此，一方面，德国与奥匈帝国享受着三国同盟带来的安全感；另一方面，在三国同盟存续期间甚至后来，德国与奥匈帝国一直保持着两国同盟。

意大利之所以加入三国同盟，是因为希望一旦与法国发生战争，就能得到德国与奥匈帝国的援助。19世纪80年代，法国在北非扩张，与意大利的关系十分紧张。据说，1881年德国首相奥托·冯·俾斯麦蛊惑法国入侵突尼斯。一方面，德国希望把法国的注意力从阿尔萨斯-洛林问题上转移；另一方面，通过制造非洲冲突，德国诱使意大利与德国、奥匈帝国结盟。奥匈帝国之所以加入三国同盟，是因为它希望意大利放弃特伦特与的里雅斯特。特伦特与的里雅斯特处于奥匈帝国统治之下，主要居民为意大利人，被称为"意大利沦陷区"。德国之所以加入三国同盟，是因为一旦法国为了夺回阿尔萨斯-洛林，与其他强国联手向德国宣战，意大利就必须出手相助。

三国同盟是非常有效的手段，条约纯属防御性质。换句话说，一旦缔约一方未蓄意挑起战争却遭到攻击，另外两方将与之并肩作战。除了军事防御目

漫画三国同盟

的，三国同盟还有其他共同目标。条约的序言声明：除了捍卫和平，三国同盟的目标是"巩固君主制，确保缔约方社会与政治秩序稳定"。

第一次世界大战爆发前，欧洲其他国家只知道三国同盟存在，却不了解条约具体内容。战争进行期间，欧洲其他国家才掌握了条约的内容。条约续订了四次，有效期为四到十一年不等，最后一次续订是1912年。

《再保险条约》 1887年，三国同盟条约第二次续订。德国与奥匈帝国的安全得到意大利的承诺。在应对法国潜在的进攻方面，德国与奥匈帝国认为，与俄国达成友好谅解，将会实现"双重保险"。1887年6月18日，德国、奥匈帝国与俄国签订了著名的《再保险条约》。签订《再保险条约》是奥托·冯·俾斯麦非常引以为豪的事情。该条约并未规定缔约国要协同作战，而是要求各国通过保持善意中立来互相支持。条约有效期为三年，1890年到期。恰恰是在1890年，《再保险条约》的缔造者奥托·冯·俾斯麦辞去了首相职务。

法国和德国 1879年至1892年，法国所有政治家和有思想的公民都会感到惴惴不安。一方面，法国孤立无援；另一方面，法国东部边界之外的军事强国——德国——虎视眈眈。因此，法国政治家担心，尚未恢复元气的法国随时都可能被德国击垮。因此，对法国来说，缔结法俄同盟、签订英法协约至关重要，或许能够改变孤立无援的局面。

俄国态度 俄国是列强中唯一能保障法国安全的盟友。19世纪80年代、90年代，英法关系并不好，主要原因是两国在埃及与西非存在利益冲突。英国自由党与保守党政治家都强烈反对插手欧洲大陆事务。当然，对法国来说，与俄国建立友好关系也绝非易事。法国是民主共和国，而俄国是君主专制的帝国。多年来，在奥托·冯·俾斯麦维护下，德国与俄国一致维持着良好的关系。在《思考与回忆》中，奥托·冯·俾斯麦曾说："德国与法国不可能成为朋友，与俄国永远不可能是敌人。"然而，1890年，鞠躬尽瘁的奥托·冯·俾斯麦辞职后，德皇威廉二世便失去了俄国支持，眼睁睁看着俄国将目光投向法国。

法俄同盟的缔造者 法俄同盟的缔造者是法国内阁总理夏尔·德·弗雷

泰奥菲勒·德尔卡塞

西内与外交部部长亚历山大·里博,以及俄国的外交大臣尼卡·吉尔斯。除了夏尔·德·弗雷西内与亚历山大·里博,参加谈判的还有两位著名的法国政治家——雷蒙·普恩加莱和泰奥菲勒·德尔卡塞。1923年,亚历山大·里博、泰奥菲勒·德尔卡塞和夏尔·德·弗雷西内先后去世。

俄国贷款 法国与俄国之间的谈判既漫长又艰难。1890年,德国、奥匈帝国、俄国之间的《再保险条约》到期,没有续签。俄国不再受《再保险条约》的约束。俄国尽管是强国,但也不愿意孤立无援。俄国不仅希望能安全、平稳地开发国内资源、修建铁路与开放港口,还希望在巴尔干问题和土耳其问题上不受德国与奥匈帝国制约。因此,从政治角度来看,俄国应该争取法国支持。从经济角度来看,俄国与法国建立友好关系意义重大。如果没有资金,俄国将无法修建铁路，也无法开发资源，而一向以节俭著称的法国人刚好手头比较宽裕。1888年，法国向俄国政府提供了首批五亿法郎贷款。

法俄同盟　在法俄同盟成立之前，1888年至1894年，两国外交部之间的照会频繁，两国大使举行多次会晤。1894年3月，《法俄同盟条约》正式签订。条约声明："如果法国遭受德国或德国支持的意大利袭击，俄国将不遗余力地进攻德国。如果俄国遭遇德国或德国支持的奥匈帝国袭击，法国将不遗余力地帮助俄国。"与之前的三国同盟一样，俄国与法国对《法俄同盟条约》的内容一直秘而不宣。直到第一次世界大战，世人才知晓《法俄同盟条约》的内容。

法俄同盟海报

阿拉比帕夏

泰奥菲勒·德尔卡塞提议 法国外交部部长泰奥菲勒·德尔卡塞一直认为，法国与英国应该保持密切联系。泰奥菲勒·德尔卡塞不是希望两国签订盟约，而是希望双方能签订协约，即政府之间的谅解备忘录。在法王路易·菲利普一世统治期间，人们曾一直用"英法协约"来形容当时的英法友好关系。

埃及问题 遗憾的是，在埃及问题上，法国人十分仇视英国。1876年，英国与法国派出官员共同控制——史称"双重控制"——埃及的财政大权。1882年，埃及总督府的军官阿拉比帕夏发动兵变，接着发动政变。亚历山大港爆发了一场针对基督徒的大屠杀。法国总理夏尔·德·弗雷西内未能促成法国出面干涉。1882年7月，英国派舰队轰炸亚历山大港。英国将军加尼特·沃尔斯利率领远征军在埃及登陆。1882年9月，经过泰勒凯比尔战役，他平定了阿拉比之

英国舰队轰炸亚历山大港

泰勒凯比尔战役

乱。至此，英国与法国"双重控制"政策失败。英军依然驻扎在埃及。英国独自控制了埃及。

法绍达危机 在非洲内陆，尤其是1898年英国将军赫伯特·基奇纳率军征服苏丹期间，英国与法国同样存在利益冲突。赫伯特·基奇纳将军刚刚结束一场战役，便得到消息，来自法属西非的一支法国远征军，在让-巴蒂斯特·马尔尚少校率领下，占领了法绍达。查尔斯·乔治·戈登担任苏丹总督时期，法绍达一直是属于苏丹。赫伯特·基奇纳将军和让-巴蒂斯特·马尔尚少校举行了一场和平会晤。这件事在法国国内激起了千层浪，但在英国国内反响平平。英国与法国通过外交手段，解决了法绍达危机。法国最终承认法绍达归英国所有。

查尔斯·乔治·戈登

英王爱德华七世 19世纪90年代,在英国首相罗伯特·加斯科因-塞西尔斡旋之下,英国与法国解决了两国在西非的边界问题。虽然法国失去了18世纪殖民帝国的地位,英国拥有广阔的殖民地,但法国人不再耿耿于怀,因为法国成为新的殖民帝国。1895年,法国将军约瑟夫·西蒙·加利埃尼征服了马达加斯加。然而,这仅仅是法国海外扩张取得的众多成就之一。随着20世纪到来,英国与法国都成为世界上重要殖民的强国,已经能够以礼相待。1904年,英王爱德华七世访问巴黎。接着,法国总统埃米勒·弗朗索瓦·卢贝去伦敦回访。不久,两国便签订了英法协约。

爱德华七世

英法协约 英法协约并非结盟条约。当时英国人并不赞同签订两国结盟条约。英法协约仅仅为了解决两国的摩擦。正因为两国不受任何牵绊,自然会以诚相待。1904年4月8日,法国外交部部长泰奥菲勒·德尔卡塞与英国外交大臣兰斯多恩侯爵亨利·佩蒂-菲茨莫里斯签订了英法协约。英法协约共包括三份文件。在第一份文件中,法国承认英国在埃及的地位。与此同时,英国承认法国在摩洛哥的地位。在第二份文件中,法国放弃了在纽芬兰西部的捕鱼权,作

兰斯多恩侯爵亨利·佩蒂-菲茨莫里斯

为对英国在西非做出让步的回报。在第三份文件中，英国与法国妥协，不再争夺在暹罗的利益。

三国协约 英法协约的全部意义是求同存异，为建立两国乐于接受的友好关系创造条件。然而，直到1914年8月，英国与法国的关系才取得实质进展。1907年，俄国加入了英法协约。当时，英国与俄国签订了三份文件，之后两国在波斯、阿富汗和中国西藏不再竞争。

1914年8月3日，爱德华·格雷爵士曾说："三国协约不是同盟，而是外交组织。"事实上，英国军官与法国军官多次磋商，讨论在未来战争中进行合作的

爱德华·格雷爵士

方案。不过，1912年11月22日，爱德华·格雷爵士与法国驻英国大使皮埃尔·保罗·康朋通过交换"同文照会"，明确声明："双方已经达成谅解，磋商结果不会限制两国政府未来是否为对方承担军事义务的自由。"1914年，第一次世界大战爆发时，"同文照会"的内容才公之于世。

第 7 章

充满危机的年代：1905 年至 1914 年

政治家的使命　1905年至1914年，德国与法国几次差点儿开战。一旦德国与法国开战，正如1914年至1918年第一次世界大战，整个欧洲就必定卷入战火。面对一再出现的国际危机，欧洲政治家们万分焦虑。实际上，每次化干戈为玉帛，都是对欧洲政治家纵横捭阖能力的巨大考验。

摩洛哥危机　在四次大危机中（包括1914年7月最后一次危机），两次由德国而挑起，两次由奥匈帝国挑起。1905年，第一次危机爆发。就在一年前，即1904年，英法协约确立了法国在摩洛哥的地位。德国对此做出了回应。1905年3月31日，德皇威廉二世访问摩洛哥港口城市丹吉尔。在一次演讲中，德皇威廉二世说："我将不遗余力地捍卫德国在摩洛哥的利益。"接着，德国政府强烈要求召开列强会议。

显而易见，德国开始挑衅法国与英法协约。法国外交部部长泰奥菲勒·德尔卡塞前往伦敦，得到了英国的承诺，如果法国拒绝德国召开会议的要求，英国将支持法国。泰奥菲勒·德尔卡塞返回巴黎后，1905年6月6日，法国总理莫里斯·鲁维埃召开了决定命运的内阁会议。泰奥菲勒·德尔卡塞在内阁会议上提议：拒绝参加列强会议。如果法国内阁采纳了泰奥菲勒·德尔卡塞的提议，德国只可能有两种回应：要么放弃盛气凌人的态度，要么当即发动战争。然而，法国总理莫里斯·鲁维埃是一个肤浅的生意人，在关键时刻避重就轻。最后，他决定参加列强会议。于是，泰奥菲勒·德尔卡塞辞去了法国外交部部长职务。最终，德国大获全胜。

1906年1月至4月，列强会议在西班牙美丽的海滨城市阿尔赫西拉斯召开。1906年4月7日，列强签署了一份协议，调和德国、法国与西班牙在摩洛哥的冲突。

摩洛哥代表团抵达阿尔赫西拉斯，出席阿尔赫西拉斯会议

阿尔赫西拉斯会议

波斯尼亚与黑塞哥维纳危机 1908年，第二次危机爆发。1908年10月3日，奥匈帝国外交大臣阿洛伊斯·莱克萨·冯·埃伦塔尔发布了一份措辞隐晦的声明，宣布吞并波斯尼亚与黑塞哥维纳。这份无耻声明对奥匈帝国违反《柏林条约》第二十五条避而不谈。三十年来，波斯尼亚与黑塞哥维纳一直受奥匈帝国管辖。奥匈帝国确信欧洲列强会默认其吞并之举。欧洲列强虽然并不认可奥匈帝国吞并波斯尼亚与黑塞哥维纳，但也不愿因此发动战争。事实证明，奥匈帝国的判断完全正确。从始至终，德国与奥匈帝国沆瀣一气。协约国勉强同意废止《柏林条约》第二十五条，通过特别照会告知奥匈帝国，暗示下不为例。

阿加迪尔危机　波斯尼亚与黑塞哥维纳危机刚刚过去三年，著名的"阿加迪尔危机"爆发了。摩洛哥首都菲斯发生了严重骚乱，法国不得不派远征军前去镇压。法国远征军平定菲斯之乱后，1911年5月撤离。1911年7月，德国派出了"猎豹"号炮舰。"猎豹"号炮舰来到摩洛哥港口阿加迪尔，这就表明法国

阿加迪尔危机海报，标题是"先生，跟我来"。图意为法德进行射击比赛，一只叫"和平"的白鸟刚刚从一个叫"摩洛哥局势"的陷阱中被释放出来，选手们都在等待对方先射击。射击台周围聚着来自欧洲和亚洲国家的统治者，其中包括美国总统、英王爱德华七世和俄罗斯皇帝尼古拉二世

"猎豹"号炮舰

并非摩洛哥唯一的宗主国。德国再次向法国挑衅。法国政府派驻柏林大使朱尔·康朋与德国外交大臣阿尔弗雷德·冯·基德伦-韦希特尔会晤。会晤在位于柏林威廉街的德国外交部举行。德国的要求令法国难以接受。其间,双方几次差点不欢而散。然而,1911年7月21日,英国财政大臣大卫·劳合·乔治代表英国政府在伦敦市政厅发表了演讲。当时,整个欧洲因法德危机而噤若寒蝉。大卫·劳合·乔治演讲中的一段话引起了人们普遍关注。大卫·劳合·乔治说,和平多次遭受威胁,"对英国这样的大国来说,这是无法忍受的耻辱"。实际上,这是英国对德国发出的警告:如果德国逼人过甚,英国将援助法国。在德国外交部进行会晤的朱尔·康朋与阿尔弗雷德·冯·基德伦-韦希特尔最终妥协。法国与德国签订了协议,危机这才告终。法国放弃了法属刚果一半殖民,德国心满意足。

德军总参谋部 显然,德国在以退为进。目前为止,德国的确做出了让步。德国心知肚明,法国与俄国是盟友,尽管德国不了解盟约的内容。大卫·劳合·乔治在伦敦市政厅的演讲让德国确信,即便英国目前不是法国盟友,也会在战争中成为法国真正的盟友。德国感觉三面受敌,虽然渴望扩大殖民地盘,但又无法仰赖前景不明的奥匈帝国,因为年迈的奥匈帝国皇帝弗朗茨·约瑟夫一世一旦驾崩,哈布斯堡王朝将分崩离析。基于以上三方面原因,德军提前进

大卫·劳合·乔治

理查德·霍尔丹勋爵

行备战了。1912年，与英国海军进行军备竞赛的德国采纳了新海军法。当时，英国陆军大臣理查德·霍尔丹勋爵肩负特殊使命，前往柏林协商两国海军军备问题，期待两国达成共识。同年，德国政府在首都柏林征兵，将常备军扩充到六十万人。无论出于何种动机，对国家影响超过政府的德军总参谋部深信不疑：战争必将到来，而且即将到来。

萨拉热窝刺杀事件　1914年夏，大战最终爆发。引发战争的直接原因是，1914年6月28日，一个星期天，奥匈帝国皇储弗朗茨·斐迪南大公与妻子苏菲在波斯尼亚首府萨拉热窝遇刺身亡。奥匈帝国与塞尔维亚长期不和。这次，奥匈帝国被塞尔维亚激进分子彻底激怒。萨拉热窝刺杀事件发生后，奥匈帝国等待了几周，1914年7月23日发出最后通牒：塞尔维亚政府必须制止境内一切反奥宣传，必须罢免仇视哈布斯堡王室的塞尔维亚官员。罢免官员的名单由奥匈帝国政府提供。事实上，奥匈帝国以此为借口，向塞尔维亚挑衅。显然，奥匈帝国正在挑起的绝非一场局部战争。这场战争将不可避免地伤及无辜，不会仅有奥匈帝国与塞尔维亚参加。奥匈帝国心知肚明：这将是一场欧洲战争。因为1914年7月22日俄国政府已经宣布：绝不会不管塞尔维亚的斯拉夫人。

奥塞战争 奥匈帝国政府向塞尔维亚发出最后通牒，完全在德国意料之中。1914年7月18日，当时正在柏林的巴伐利亚政府总理格拉夫·冯·莱兴费尔德-克费林写信给慕尼黑政府说："显而易见，塞尔维亚人根本不会接受奥匈帝国的条件。这与塞尔维亚作为独立国家的尊严不符。结果必然是战争。我万分肯定，即使面对种种危险、复杂的情况，奥匈帝国也绝不会错失良机。"英国外交大臣爱德华·格雷爵士提议，欧洲列强应当举行一次会议，和平解决这次危机。1914年7月27日，德国政府拒绝参加列强会议。事实上，奥匈帝国不满塞尔维亚对最后通牒的答复。1914年7月25日，奥匈帝国与塞尔维亚开战。

德国宣战 既然奥匈帝国与塞尔维亚已经开战，俄国必定会参战。一旦俄国与奥匈帝国开战，根据1879年签订的《德奥同盟条约》，德国必然会参战。1914年7月31日，德国先发制人，向俄国发出最后通牒，十二小时后向俄国宣战。

根据法国与俄国之间的条约，俄德战争必然会导致德法战争。不过，法国没有立即参战，而是等待了几天。不过，德国政府不打算让法国选择开战时机。1914年8月2日，德军从普鲁士跨过边境，进入卢森堡大公国，然后把枪口指向法国。1914年8月3日，德国向法国宣战。1914年8月4日清晨，德军进入比利时。

战争扩大 德军进入卢森堡与比利时，吹响了入侵法国的号角。德国此举完全无视国际法。德国与其他列强均受1839年有关比利时的条约与1867年有关卢森堡的条约的约束。各国必须全面尊重比利时与卢森堡的中立地位。德国

弗朗茨·斐迪南大公与妻子苏菲遇刺

无视国际法，践踏条约，破坏了欧洲地缘政治格局。德国破坏了比利时中立地位后，首相特奥巴尔德·冯·贝特曼-霍尔维格知道，英国必将参战，战争已经扩大，欧洲地缘政治格局已经遭到破坏，或许是永久性的破坏。而这一切"只是为了'中立'二字——人们在战时根本无暇顾及的字眼——只是为了一片废纸而已"。1914年8月4日，在英德谈判中，德国首相特奥巴尔德·冯·贝特曼-霍尔维格说出上述这番话后，英国财政大臣大卫·劳合·乔治便终止了谈判，离开了柏林。

第 8 章

世界大战

战争的范围 根据官方文件，始于1914年8月月初的世界大战最初被称为"欧洲战争"。不久，土耳其参战。战火蔓延至欧洲之外。欧洲战争演变为世界大战。事实上，欧洲之外绝大多数国家相继卷入了战争。当然，有些国家仅仅宣称参战，实际上并未真正参战。

交战双方 战争一方是德国与奥匈帝国，另一方是法国、俄国、比利时、塞尔维亚、英国和日本。根据1879年《三国同盟条约》及续订条约，德国与奥匈帝国并肩作战。三国同盟的第三方意大利宣布保持中立，因为《三国同盟条约》规定：在奥匈帝国单方防御战或者德国单方防御战中，意大利才有义务参战。1914年9月5日，英国、法国与俄国签订了《伦敦协约》，三国协约正式形成。《伦敦协约》要求三国"战争期间不得与德国单独媾和"。根据1902年《英日同盟条约》（1905年续订），日本作为英国盟友参战，并遵守《伦敦协约》。比利时纯粹为了卫国而战，不是任何一方的盟友。

比利时的立场 我们应该为比利时点赞。比利时人放弃幸福、安逸的生活，全心全意捍卫国家尊严。当时，德国向比利时抛出了诱人的条件——不必与德国结盟，只须保持中立。比利时人只要让德军畅通无阻地进入法国，就能继续过着平静、富足的生活。然而，1914年8月2日，比利时政府拒绝了德国诱人的条件，决定捍卫国土。这个决定意味着外援到来前，比利时这个小国将独自面对世界大战主战国的雷霆之师。

协约国的兵力　在世界大战中，欧洲人民与亚洲人民都付出了沉重的代价。不过，战争中心始终在"西线"，即从比利时海岸一直到瑞士进攻与防御的战线。此外，尽管英国（征兵八百五十万人）、俄国和意大利竭尽了全力，但战争的重担都压在了法国身上。法国人口比英国人口少很多。1914年，从比利时尼乌波特到瑞士四百英里的战线上，其中三百英里由法军守卫。甚至到了战争后期，在法国男性人口数量已经降到极少的情况下，法军依然坚守着二百五十多英里战线。相比而言，英军与比利时军队只坚守着约一百五十英里的战线。同时，无法忽略的事实是，在孚日山脉漫长的边境线上，守军寥寥无几。无论如何，法国已经竭尽全力，几乎用完了一切可用的资源，这个事实不容否认。

施里芬计划　为了与俄军、法军作战，德军总参谋部准备了几套方案。德国最高统帅部最终选择了"施里芬计划"。该计划源于赫尔穆特·卡尔·贝恩哈特·冯·毛奇的一个伟大构想，最终由1891年至1906年任德军总参谋长的阿尔弗雷德·冯·施里芬制订。赫尔穆特·卡尔·贝恩哈特·冯·毛奇的最初设想是，一边对俄国进行防御战，一边集结德军主力一举击溃法军。一旦德军达到了目的，法军就丧失战斗力，而德国就能利用外交手段从容对付俄国。当初，赫尔穆特·卡尔·贝恩哈特·冯·毛奇设计这个计划时，打算命德军穿过法国东部的埃皮纳勒和图勒的中间地带，迅速攻入法国。不过，阿尔弗雷德·冯·施里芬的判断十分准确，这条进攻路线将在法国意料之中。如此一来，德军必定要打一场正面硬仗，不可能速战速决。因此，阿尔弗雷德·冯·施里芬修改了赫尔穆特·卡尔·贝恩哈特·冯·毛奇的计划：德军经中立国比利时进攻法国。施里芬计划强调德军避开正面迎战，穿越比利时，绕过法军左翼，然后直捣巴黎。

"十六号计划"　施里芬计划离成功仅仅一步之遥。经过反复研究与德军作战的种种可能，法军总参谋部猜测德军可能会取道比利时发动进攻。法国

赫尔穆特·卡尔·贝恩哈特·冯·毛奇

阿尔弗雷德·冯·施里芬

将军奥古斯坦·米歇尔制订了应对计划。不过,战争开始时,法国最高统帅部最终采纳了"十六号计划"。"十六号计划"认为,德军只会入侵比利时部分领土,然后取道比利时默兹河东岸进攻法国。然而,德军下定决心入侵比利时,绝不会畏首畏尾。德军打算充分利用比利时的平坦地形,征用比利时境内所有道路、运河与铁路。开战后,法国发现"十六号计划"与德军的入侵路线不符。面对突如其来的战争风暴,法军不得不沿西线重新部署兵力。

列日战役 尽管法军十分强大,拥有悠久的尚武传统,并且指挥官既训练有素又经验丰富,但战争初期阻挡德军前进的并非法军,而是从未经历战争、力量弱小的比利时军队。1914年8月4日清晨,德国将军奥托·冯·艾米赫率军越过比利时边境,向十英里外的列日挺进。比利时将军吉拉德·莱曼率军坚守阵

奥托·冯·艾米赫

吉拉德·莱曼

地,直到阵地被德军重炮摧毁。1914年8月16日,列日的最后几座要塞陷落。比利时军队英勇战斗,使德军实施"施里芬计划"受阻。截至1914年8月12日,法军已经部署完毕。

进攻阿尔萨斯 此前,法军总指挥约瑟夫·霞飞已经下达进攻阿尔萨斯的命令。这次军事行动开始于1914年8月5日。1914年8月10日,来自斯特拉斯堡的一支德军进行了反击,迫使法军撤退。又过了一个星期,法军总参谋部才确信德军主力要穿越比利时。

蒙斯战役 与此同时,萨尔堡以南直到隆维北部的西线,几场战役同时打响。1914年8月21日,约瑟夫·霞飞才命令法军进攻从列日赶来的德军。1914年

8月20日，英国远征军登陆，配合法军左翼作战。英军约八万人，在约翰·弗伦奇将军的率领下，1914年8月23日抵达蒙斯。在蒙斯，英军遭到德国将军亚历山大·冯·克朗克指挥的第一军袭击。与此同时，英军最高统帅部获悉，法军在沙勒罗瓦发动猛攻，被德军击败。由于面临被德军包围的危险，约翰·弗伦奇将军下达了撤退命令。随后，英军从蒙斯撤退，最终摆脱了穷追不舍的德军。这次撤退可谓虎口脱险。根据约翰·弗伦奇将军发回的一份急报，撤退详情公之于世了，引起英国民众的极大反响。人们发现，历史竟然惊人的相似：1809年，正是因为约翰·穆尔爵士下令从西班牙科伦纳撤退，才确保了英军顺利登船离开。

约翰·弗伦奇将军

法军猛攻沙勒罗瓦

法军撤退 1914年8月24日，约瑟夫·霞飞将军向法军下达命令：撤退至阿拉斯-凡尔登防线。1914年8月29日，法国第五集团军在吉斯打了一场阻击战，但未能阻挡住德军前进的步伐。德军迅速向巴黎挺进。1914年9月3日，法国政府迁至波尔多，约瑟夫·西蒙·加利埃尼将军率军坚守巴黎。法军有条不紊地撤退。然而，约瑟夫·霞飞将军很清楚——正如他随后发给政府的急报中所述——"法军稍有懈怠，就会有溃败的危险"。此时，法国乃至整个欧洲岌岌可危。德军所向披靡，法军处于崩溃边缘。不过，沉着、冷静的约瑟夫·霞飞将军依然安之若素。

马恩河战役 1914年9月3日，法军飞行员报告：亚历山大·冯·克朗克所率部队抵达桑利斯后，并未直捣巴黎，而是转向东南，继续前进。德军放弃了原定目标巴黎，进行了一场举世闻名的冒险。一旦德军成功，将会切断约瑟夫·霞飞将军所率部队与巴黎守军之间的联系。随后，约瑟夫·霞飞将军指挥军队反击。英法联军和约瑟夫·西蒙·加利埃尼将军的巴黎卫戍部队共同进攻德军。1914年9月6日至13日，双方进行了举世闻名的马恩河战役。最终，德国最高统

马恩河战役,法军炮轰德军阵地

马恩河战役,法军进攻德军阵地

帅部的宏伟计划受阻，德军被迫撤退。然而，德军并非强弩之末。按照精心设计的防御计划，德军撤退至埃纳河沿岸预设阵地。很快，德军巩固了埃纳河防线。不过，德军已经失去了攻占巴黎的时机。马恩河战役粉碎了德军占领西欧的计划。

坦能堡战役 正当德军向巴黎迅速逼近时，俄军勇敢地承担了应尽义务。人数众多的俄军在战场上英勇无畏地与德军拼杀。然而，整个战争期间，俄军几乎没有打过胜仗。1914年8月28日，在坦能堡战役中，进攻东普鲁士的俄军遇到了保罗·冯·兴登堡的德军，最终大败而归。坦能堡战役一度被德国人传为

保罗·冯·兴登堡

坦能堡战役

佳话。然而，遭受惨败的俄军不仅勇于担当，而且不辱使命。俄军长驱直入东普鲁士，虽然在坦能堡战役中阵亡了五万人，但缓解了西线英法联军压力。

第一次伊普尔战役与伊瑟河战役　在西线，双方进行了"奔向海岸"之战。德军沿埃纳河，不断北进，与英军、法军、比利时军队竞赛，最后双方都到达了海岸。冬天即将来临，从比利时的尼乌波特到瑞士四百英里的战线上，双方进入战壕（尽管并未完工）对峙。虽然布鲁塞尔和安特卫普已经被德军占领，但比利时近海一隅，也就是从尼乌波特到迪克斯梅德的沿海地区，依然被比利时国王阿尔伯特一世的军队控制着。英军坚守着著名的伊普尔突出部。从尼乌波特到德军控制的圣米歇尔，一直向南延伸，途经英法联军控制的法国北部的阿尔芒蒂耶尔、德军控制的里尔及法军控制的阿拉斯、苏瓦松和凡尔登，最后沿着易守难攻的孚日山脉，直到贝尔福和巴塞尔之间的瑞士边界。"堑壕战"初期,德军想攻破这条战线的最北端。然而,1914年10月21日至10月30日第一次伊普尔战役中,英军奋力抵抗。1914年10月18日至10月25日伊瑟河战役中,比利时军队利用汛期与德军对峙。最终,德军的行动受阻。

唯一出路　欧洲文明一向以善于创造而著称。然而,步入现代,欧洲文明正不遗余力地毁灭一切。其结果可想而知:短短时间内,满目疮痍,令人震惊。整个世界面临的问题是:参战哪方能够消耗得起并承受得住这场漫长的灾难?欧洲智囊团正在精心设计毁灭方案与克敌致胜的方案。德意志战略家卡尔·冯·克劳塞维茨曾指出:"只有一种战术,那就是消耗战。"因为没有哪一方能够避开敌人。军事决策没有捷径。小规模战争或"小打小闹"往往具有诱惑力,这是因为各国认为人力、物力的损失必定微乎其微。然而,西线重大战事绝不可能与"小打小闹"同日而语。号令之下,西线成千上万士兵从战壕内一跃

第一次伊普尔战役,英军阻击进攻的德军

第一次伊普尔战役中的肉搏战

而出,勇敢地直面战斗中的死亡与伤痛。不过,值得欣慰的是,这迈出了走向和平的第一步。虽然前路漫漫,充满血腥,但绝非永无止境。在人生最美好的时刻,他们慷慨赴死。在古希腊罗马诗人及早期基督教作家笔下,为战争献身的人受到幸运之神的眷顾。

第二次伊普尔战役 1915年,英国与法国在西线背水一战。结果损失惨重,收效甚微。1915年3月和9月,英军先后进攻德军在新沙佩勒和洛斯的阵地,均无果而终。1915年5月与9月法国将军菲利普·佩坦与诺埃尔·德·卡斯特诺分别在阿拉斯和香槟发动数次突袭,均以失败而告终。法国官方从未公布阵亡的兵力。不过,在1915年阿图瓦战役和香槟战役中,英法联军很有可能战死了二十万人——不包括堑壕战每日损失人数。德军以防御战为主,虽然损失较少,却不得不退避,丧失了"先发制人"的主动权。1915年4月22日,德军打响了

第二次伊普尔战役,德军向法军阵地释放毒气

第二次伊普尔战役。这场战役与1914年冬第一次伊普尔战役极其相似。其间,德军使用瓦斯毒气暂时突破了英军防线。不过,英军随后重筑防线,德军的进攻最终失败。

杜纳耶茨和盖利博卢撤退 在其他战场,同盟国接连获胜,德国与奥匈帝国的人民倍感振奋。此时,两国国内的生活必需品已经变得紧缺。俄军最高统帅是沙皇尼古拉二世的叔叔尼古拉·尼古拉耶维奇大公。他身材魁梧,看起来威风凛凛。他虽然才华一般,却也聪明能干。1914年,尼古拉·尼古拉耶维奇率军进攻加利西亚,并于1915年初将奥匈帝国军队赶走。1915年春,尼古拉·尼古拉耶维奇的军队已经攻入匈牙利境内。与此同时,前来援助奥匈帝国军队的德军打了一场与坦能堡战役不相上下的胜仗。1915年4月28日,德军陆军

奥古斯特·冯·马肯森

元帅奥古斯特·冯·马肯森在杜纳耶茨大破俄军,史称"杜纳耶茨战役"。俄军从杜纳耶茨撤退。俄军虽然兵多将广,却缺乏训练,缺少装备。撤退途中,俄军边打边逃,苦不堪言。骁勇善战的德军不仅装备精良,而且指挥有方,穷追不舍。俄军死伤及被俘人数多达一百多万人。这是自拿破仑·波拿巴从莫斯科撤退以来,俄军遭遇的最大一场败仗,曾经的军事强国风光不再。然而,1915年9月,在加利西亚战场全面溃败的情况下,俄军最高司令部临危不乱,在普里佩特沼泽附近,以平斯克为中心,最终稳住了军心。1915年4月至1915年12月,为了夺取君士坦丁堡，英军试图进攻加里波利半岛，但最后彻底失败。然而，英军的行动在一定程度上缓解了俄军压力。或许正因如此，举步维艰的俄国才没有退出战争。

塞尔维亚沦陷 1914年10月，支持同盟国的土耳其参战。与此同时，意大利向奥匈帝国索要特伦蒂诺与的里雅斯特，但无果而终。尽管俄军惨败，但1915年5月意大利还是义无反顾地加入了协约国。然而，这让保加利亚望而却步。1915年10月，保加利亚军队越过塞尔维亚边境，在奥匈帝国军队帮助下，一举占领了塞尔维亚这个不幸的国家。1915年10月2日英法联军在萨洛尼卡登陆，但无力改变塞尔维亚灭亡的命运。大批塞尔维亚人越过阿尔巴尼亚山脉，抵达亚得里亚海海岸，搭乘英法联军的军舰黯然离去。

凡尔登战役 1916年的主要战役是2月21日至11月30日的凡尔登战役与7月1日至11月18日的索姆河战役。大战期间，德军的重要目标是夺取凡尔登。凡尔登

凡尔登战役

埃里希·冯·鲁登道夫

战役与德国将军埃里希·冯·鲁登道夫1918年3月发动的著名攻势有所不同。这次，德军不急于突破英法联军阵线。进攻凡尔登之前，德军已经进行了周密计划——不惜一切代价，缓慢向前推进，一寸寸逼退强大的敌人。

第一次进攻时，德军逼退了法军。原本平淡无奇的凡尔登小镇陷入了危险之中。不过，法军很快振作起来，展示出法兰西民族不屈不挠的战斗精神。法军不仅守住了阵地，而且在亨利·菲利普·贝当担任指挥官后取得了新的进展。每天夜晚，在唯一一条通往凡尔登战场的路上，运输军火的大卡车络绎不绝。送到战场的军火很快就被战争的熔炉消耗殆尽。直到仲夏，德军依然在攻打

道格拉斯·黑格

凡尔登。法军资源极其匮乏,几乎难以为继。就在这时,英国陆军元帅道格拉斯·黑格在绵延二十五英里的阵线打响了索姆河战役。

索姆河战役 英国打响的索姆河战役与德军发动的凡尔登战役一样,恰好印证了卡尔·冯·克劳塞维茨曾经说过的话:只有一种战术,那就是消耗战。英军虽然竭尽全力将战斗减员降到最低限度,但正面迎敌,步步为营,寸土不让,依然有成千上万的人或死或伤或俘。当然,寸土值得一争。正是因为索姆河战役,德军最终在凡尔登战役中惨败,因为德军无法把全部兵力投入凡尔登

阿列克谢·阿列克谢耶维奇·布鲁西洛夫

战役。索姆河战役动摇了德军战无不胜的信念。最终,英法联军发动的进攻在冬天的泥沼中落下帷幕。

为了支援英法联军的西线攻势,1916年6月4日俄国将军阿列克谢·阿列克谢耶维奇·布鲁西洛夫在普里佩特沼泽对德军发起大规模进攻。奥匈帝国军队在西线支援德军,猛攻特伦蒂诺的意大利军队。作为普里佩特沼泽战役和特伦蒂诺战役的进攻方,俄军与奥军的开局都十分顺利。随着防御方的优势逐渐显露,进攻方均无果而终。

罗马尼亚奋战 1916年8月,罗马尼亚加入协约国一方,但几乎没有对战局产生任何影响。当时,德军恰好能够抽出一支强大的部队。击败罗马尼亚军队之后，德军占领了布加勒斯特和瓦拉几亚。后来，在摩达维亚的锡雷特河，德军遭遇亚历山德鲁·阿维雷斯库指挥的军队，最终停止了军事行动。

俄国革命 1917年，欧洲大部分地区遭到严重破坏，这场可怕战争依然没有停止的迹象。这时，一个原本强大的帝国彻底倒下了，1917年3月15日，一场革命迫使俄国沙皇尼古拉二世退位。新成立的共和政府想要继续战争。然而，从这一刻起，俄国继续战争的努力毫无价值。德军在东线的压力得到缓解，无异于起死回生，导致战争推迟十八个月才结束。

美国参战 然而，德军的兵源枯竭了。1917年2月24日至3月6日，德军按照原定计划将西线部分兵力撤至兵力更加短缺的预设战线，即著名的"兴登堡防线"。这样一来，德军不仅能够充分利用有限兵力，而且可以在东线留出储备

亚历山德鲁·阿维雷斯库

托马斯·伍德罗·威尔逊

军。不过,1917年4月6日美国国会及托马斯·伍德罗·威尔逊总统宣布参战,敲响了德军的丧钟。

美国人一向反对干涉欧洲事务。许多美国人,尤其是美国前总统西奥多·罗斯福和美国驻伦敦大使沃尔特·海因斯·佩奇,极力鼓吹干涉的理由,但最终美国依然坚持中立。直到1917年1月31日,德国发动了无限制潜艇战,美国才改变了立场。美国人一向渴望海上贸易自由,一直为国家有能力保护海员生命安全而感到自豪。这次,美国人支持托马斯·伍德罗·威尔逊总统一直想要做的事——参战。很快,士气旺盛的美军投入了战斗,给协约国带来了信心。

法国兵变 1916年12月,罗伯特·乔治斯·尼维尔接替约瑟夫·霞飞将军任法军总司令。1917年4月,他指挥法军,配合英军进攻德军在香槟的防线。第一

西奥多·罗斯福

沃尔特·海因斯·佩奇

罗伯特·乔治斯·尼维尔

约瑟夫·霞飞

天战斗结束后，法军死伤惨重，法国内阁匆忙决定停战。法国已经疲惫不堪，政府几乎陷入绝望。法国男性公民感觉一直在被迫流血牺牲。人们用粉笔在运兵火车上写着"和平万岁"。甚至在开往前线的一列火车车身上，写着"开往肉铺"的粉笔字样。后方部队出现了兵变迹象（一般兵变总是从后方部队开始）。驻扎在巴黎附近的部队准备进入巴黎宣布革命。后方部队中的一些将士加入了"布尔什维克"——此时，俄国布尔什维克正在进行革命。世界濒临灾难边缘，协约国体系正在崩溃。

法国将军亨利·菲利普·贝当　法国将军亨利·菲利普·贝当阻止了法军兵变，避免了形势恶化。当时，各种公开或秘密的和平运动势头强劲。亨利·菲

亨利·菲利普·贝当

利普·贝当将军没有使用暴力镇压,而是通过精神感化缓解了局势。他的这种成就可谓史上一大壮举,但令人百思不得其解。钢铁般的硬汉亨利·菲利普·贝当将军展现出侠骨柔情的一面。他亲自访问各师,分组与所有军官谈话。他命令所有军官倾听部下心声,担当士兵的世俗"告解牧师"。就这样,军中纪律丝毫没有松弛,兵变的火苗在精神感化下熄灭了。据说,当时有谋反之心的几千人(或许是成千上万人)被感化了,只有二十多个人被处决。埃内斯特·拉维斯在《法国现代史》中写道:"时至仲夏,法军士气恢复了。"

第三次伊普尔战役和卡波雷托战役 1917年下半年,英国承担了最艰难的战斗任务。当时,驻法英军力量非常强大。1917年7月1日,英军达到一百九十六万六千八百三十五人。1917年7月月底,在法军协助下,英军发动了第三次伊普尔战役。1917年11月月初,经历了一系列漫长的战斗后,英军进至帕斯尚尔,并且最终止步于此。1917年8月,法军完全收复了1916年2月德军疯狂进攻

第三次伊普尔战役,英军炮兵向德军阵地发射炮弹

凡尔登抢占的阵地。1917年7月，经历了二月革命的俄军在阿列克谢·阿列克谢耶维奇·布鲁西洛夫和拉夫尔·科尔尼洛夫两位将军激励下，鼓起勇气，做最后一搏。不过，俄军进攻加利西亚的行动很快便以失败而告终。1917年10月24日，意大利军队在卡波雷托也遭遇惨败，被迫全面撤退。穷追不舍的德奥联军将意大利军队逼至威尼西亚平原。意大利军队一直撤到皮亚伟河畔才停下脚步。截至1917年年底，双方各条战线再次陷入胶着。

《布列斯特-立陶夫斯克和约》 1918年年初，同盟国旗开得胜，协约国一筹莫展。此时，布尔什维克完全控制了俄国政府。在革命狂潮中，俄国政府公开宣布退出"帝国主义战争"，并于1918年3月3日与德国签订了《布列斯特-立陶夫斯克和约》。在此之前，布尔什维克一直拒绝偿还欠德国的债务。如今，为了实现令人不耻的和平，布尔什维克竟然同意偿还。《布列斯特-立陶夫斯克和约》进行了有利于德国的领土调整。1919年，《布列斯特-立陶夫斯克和约》

意大利军从卡波雷托战场撤退

签订《布列斯特-立陶夫斯克和约》

在巴黎和会上被废止。当时,德国从《布列斯特-立陶夫斯克和约》中获利颇多,得以从东线全身而退。与此同时,布尔什维克的和平主义思想和社会主义革命思想也渗入德国,侵蚀着德国人的"战争意志"。这是俄军梦寐以求却无法做到的事情。不过,协约国对此并不知情。德国最高统帅部对此已经有所察觉。埃里希·冯·鲁登道夫发现国内形势日益恶化,便着手计划于1918年3月发动一场大规模进攻。

第二次索姆河战役 1918年3月21日,德军大胆而巧妙地发动了这场大规模进攻,史称"第二次索姆河战役"。战斗持续了几个星期。在高压统治之下,厌战的德国人民已经筋疲力尽,变得骚动不安。德国政府财政枯竭,濒临土崩瓦解,不再抱有任何幻想。因此,在1918年3月21日大规模进攻中,德军还能够发动持续、迅猛的攻势,这充分反映出德军英勇无畏的爱国主义精神及军队统帅运筹帷幄的能力。同样,英法联军不屈不挠的精神也着实令人钦佩。英法联军虽然对德国濒临崩溃的局面一无所知,但依然顽强抵抗。将士们明白,经过四年的顽强战斗,数百万人阵亡了,这时就算惨败,目睹德军最后"突围",也要血战到底。

法国元帅斐迪南·福煦　正当德军疯狂进攻大获全胜之时,协约国各国政府达成共识:英法联军与美军不是统一作战,而是协同作战。法国元帅斐迪南·福煦被任命为协约国军队总司令,指挥各国军队协同作战。不过,协约国

斐迪南·福煦

约翰·约瑟夫·潘兴

各国军队统帅——英军总司令格拉斯·黑格、法军总司令亨利·菲利普·贝当和美军总司令约翰·约瑟夫·潘兴——依然全权负责解决各自军队的战术问题。因此,这绝非统一作战。事实上,各国统帅不仅机智过人,而且忠诚大度,加上斐迪南·福煦元帅行事光明磊落,巧妙地运用人性化手段,使协约国在作战中非但没有乱作一团,反倒井然有序。实际上,从斐迪南·福煦上任之日起,协约国军队的面貌就焕然一新了。大批德军尽管如潮水般涌向巴黎,但最终被阻挡在亚眠城外。

第二次马恩河战役 经过协约国军队两个多月的浴血奋战,德军最终停止进攻。斐迪南·福煦终于能够腾出手来利用美军大量后备部队发起反攻。1918年7月18日,斐迪南·福煦打响了"第二次马恩河战役"。这场战役持续了三个月,最终以协约国军队大获全胜而告终。

同盟国的困境 实际上,第二次马恩河战役结束前,早在1918年7月月底,德军的计划已经失败。德军总参谋部已经黔驴技穷,无法派出更多兵力。当时,人们并不清楚补充战场损失的德军后备兵力仅剩下五十五万人。其中,一半以上都是年轻的新兵,他们是德国最后的希望。当然,英法联军也陷入了困境。补充战场损失的后备兵力是年满十八岁的孩子与伤口尚未痊愈的士兵。但法国境内已经有一百五十万美军。另外,美军几百万后备兵力正源源不断地从大西洋彼岸赶来。英法联军坚信胜利就在眼前。在这种精神鼓舞下,协约国军

第二次马恩河战役,英军士兵在弹坑中休息

第二次马恩河战役中被俘的德军

民已经做好充分准备,为了取得胜利不惜一切代价。然而,德军情况恰好相反。德国的盟友——奥匈帝国——的情况更糟糕,饥荒与革命接踵而来。此时,德国需要和平。至少目前,德国还能争取到有利条款,因为协约国并不了解德国已经被打得千疮百孔,还可以为已经残破不堪的国家挽回一些脸面。

德国容克贵族统治破产 历史上,德国从未经历过如此失败的统治。德国政府不仅不承认领导失误,而且听从总参谋部的冲动决定将战争延长了三个多月。结果造成更多人员伤亡与一系列难以估量的政治灾难。德军最终以惨败而告终,并于1918年11月11日签订了停战协定。事实上,德军投降可谓一场军事灾难。德国政府失去了二十二个加盟邦国的统治权,国内一片混乱,有些地方甚至处于无政府状态。

战争结束 1918年秋,同盟国的战争机器与政治机器最终停止运转。在此之前，垂死挣扎的奥匈帝国在意大利前线做殊死一搏。同时，德军在法国的军事行动并未停止。1918年6月15日，奥匈帝国军队在皮亚韦河畔向意大利军队发动大规模进攻。此前，被击退的奥匈帝国军队已经损失了十万人。1918年10月24日，双方打响了意大利境内最后一战——维托里奥维内托战役。这时，一场革命正在奥匈帝国酝酿。面对意大利军队进攻，奥匈帝国军队溃不成军。1918年9月29日，保加利亚签订停战协定。1918年10月4日，保加利亚国王斐迪南一世退位。土耳其军队在美索不达米亚和巴勒斯坦分别被美国将军乔治·卡特莱特·马歇尔和英军元帅埃德蒙·艾伦比击溃。1918年10月30日，土耳其帝国签署了《穆兹罗斯停战协定》，宣布投降。因此，1918年11月11日，德国投降时，已经彻底陷入了孤立无援的境地。

第 9 章

战时世界

海上交通 主战方德国是欧洲大陆的军事强国，交战双方必然会在陆地一决高下。不过，海洋作为连接世界各地的桥梁，在世界大战中起着不容忽视的作用。协约国如果无法从海外大量购买物资，就无法继续战争。相比而言，德国与奥匈帝国基本能自给自足。然而，协约国需要大量进口小麦与军火。意大利的煤炭资源奇缺。因此，意大利参战后，英国与法国有一项额外任务，即确保必须通过海上向意大利供应煤炭。如果协约国没有强大的海军确保海上交通，或者缺少购买海外物资的资金与贷款，这场战争必定会以同盟国完胜而告终。英国海军是确保协约国海上交通的主力。在美国参战前，协约国的海外购买活动主要由英国提供资金与贷款。

日德兰海战 第一次世界大战前，德国大洋舰队已经名声在外。显而易见，德国要与英国争夺海上霸权。后来，仅仅进行过几次突围的德国大洋舰队便从海上销声匿迹了。德国大洋舰队与英国舰队只较量过一次，这就是1916年5月31日的日德兰海战。不过，日德兰海战仅仅持续了五个小时。随后，德国大洋舰队便被封锁在易北河河口，直到和平降临。1918年11月5日，接到出战命令的德国大洋舰队发生了兵变。正是这场兵变最终引发了德国革命。

科罗内尔海战与福克兰群岛海战 德国海军绝非无能。德国海军像陆军一样骁勇善战。只是英国舰队太过强大，在公海的实力远超德国舰队。1914年

日德兰海战,一艘在炮火中前进的英国军舰

日德兰海战

11月1日，德国海军在智利的科罗内尔外海打了漂亮一仗，歼灭了英军海军上将克里斯托弗·克拉多克爵士指挥的海军分舰队。然而，1914年12月8日，在福克兰群岛海战中，英国皇家海军上将多夫顿·斯特迪大败德国海军。德军科罗内尔海战的胜利果实毁于一旦。由于海战失利，德军便展开了机智、勇敢的潜艇战。在实施潜艇战过程中，德军多次险些获胜。一旦德军得逞，完全切断英军海上运输路线，弹尽粮绝的英军将被迫退出战争。潜艇战非常残酷，这同时展现了德军英勇无畏的一面。德军每艘潜艇执行不了几次任务，因为它或许能逃离海上意外事故，但最终难逃被英军深水炸弹和巡洋舰击沉的命运。

克里斯托弗·克拉多克爵士

多夫顿·斯特迪

潜艇封锁战 德国要想成功结束这场海战,最简单的办法是从海上封锁英国。然而,根据1856年的《巴黎海战宣言》,海上封锁要想有"威慑力",必须有实效,即由一支真正能够阻断敌军水路的部队来执行,否则不得随意宣布实施海上封锁。当时,德国根本无法对英国实施有"拘束力"的海上封锁。除了偶尔有胆大妄为的德国船舶冒险入海之外,德国的船舶均被协约国海军封锁。不过,德军完全可以使用潜艇进行反封锁。其实,潜艇封锁可以视作对《国际海洋法》或国际海洋惯例的合理解释。毕竟,《国际海洋法》或国际海洋惯例当初只针对水面舰船。德军拒绝将开往敌军港口的中立国船舶拖入德国港口,也完全合法。因为德军若如此而为之,必将面临战利品法庭的审判。如果德国潜艇与驱逐舰当真把荷兰与挪威的船舶拖至汉堡港,那才真正荒谬。

其实，德军真正违反战争法与惯例的行为是，遇见中立国船舶，当即炸沉。当然，英国的船舶，即便是商船，也一直在不遗余力地为自己的国家而战。

查尔斯·弗雷亚特船长　事实上，英国商船好战确实有据可依。不过，英国商船因好战而受到惩罚的同时，也获得不少特权。英国火车渡轮"布鲁塞尔"号船长——查尔斯·弗雷亚特因驾驶轮渡撞击德国潜艇，1916年7月27日被德军判处死刑。显然，德军此举是令人不齿的犯罪行为。1915年5月7日，德国潜艇击沉英国丘纳德公司的客船"卢西塔尼亚"号，可以被定为战争犯罪行为。毕竟遇难者都是平民百姓，德军此举可谓惨绝人寰。令人不解的是，德军竟然

查尔斯·弗雷亚特

德国潜艇击沉"卢西塔尼亚"号

公开庆祝。时至今日，在许多博物馆，我们都能看到当年德国潜艇击沉"卢西塔尼亚"号的纪念勋章。

英国海军的精神　在同盟国军队中，德国海军是骁勇善战的代表。同样，在潜艇战中，协约国海军不仅非常有胆识，而且无畏。因此，任何荣誉协约国海军都当之无愧。1915年2月18日，德国首先宣布对英国实施封锁。1917年1月31日，德国宣布对英国进行无限制封锁。然而，出奇制胜的英国海军挫败了德军的两次封锁。面对各种阻碍与危险，英军海上巡洋舰保持高度警惕，最终克敌制胜。值得称赞的还有临危不惧的英国商船的海员。虽然很多商船最终未能抵达大洋彼岸，但沉着冷静的英国海员依然不断驾驶商船勇闯大西洋。

战争暴行　战争离不开强权与暴力，注定与痛苦为伴。一旦战争势不可挡，除了争执双方要做出决定，人类如果无法避免战争，就应该竭力规范战争行为，尽量减少苦难。1899年和1907年，两次海牙会议采纳的原则都是限制交战双方直接伤害人身的行为。交战双方全部军事力量都要尽力坚守该原则。有时，战争会伤及平民，但通常都是违反该原则的个体行为。然而，第一次世界大战期间，德军入侵比利时，德国最高统帅部竟然下达命令屠杀比利时平民。德国最高统帅部认为，大兵压境之下，比利时人必然渴望和平，从而能速战速决。1915年，英国某委员会在递交议会的报告中，凭借确凿的证据描述了德军犯下的滔天罪行。在日常生活中，虽然人们必须学会宽恕与遗忘，但史书不应该抹去警醒后世的事实。仅仅两条摘录便足以说明德军罪行。以下摘录内容节选自该委员会提交给英国议会长达二百五十页的报告。

"在博尔特梅尔贝克，有人目睹一名德国士兵朝一个五岁小女孩连开三枪，均未命中目标。随后，他便用刺刀杀了小女孩。"（第二十三页）

（一位大学生的证言）"1914年8月26日8时，我打算离开鲁汶。在路易梅尔森路的一个拐弯处，我看到一具烧焦的平民尸体。随后，在斯勒温·万德威尔雕像旁的草坪上，我又看到五十多具遭枪杀的平民尸体。德军士兵在尸体旁走来走去，不时用脚踢地上的尸体。此时，火车站前的所有旅馆，以及车站路和迪斯特大道附近的房屋，火光冲天。"（第一百四十五页）

1914年8月25日，德军占领鲁汶。然而，鲁汶并非战略要地，从未设防。这是不争的事实。

鲁汶图书馆被毁 德国单方面宣称，1914年8月，俄军进攻东普鲁士时，同样实施了暴行。不过，德军在比利时的暴行要另当别论，因为德军是按照上级命令，根据事先计划，有组织地大规模施暴。比利时扎米内斯村大量村民惨遭杀害，绝非个别士兵激愤杀人。1922年版《大不列颠百科全书》第三十卷第四百三十四页有关于比利时大屠杀的专题文章。这篇文章描述了德军种种暴行，其中就有"扎米内斯村事件"——扎米内斯村三百八十三名村民遇害。鲁汶被毁的还有古老的图书馆。这也是德军奉命进行的有预谋的破坏行动。

处决英国护士艾迪丝·卡维尔　令人不齿的暴行很快四处蔓延。然而,作为军事手段,这种可耻的行径显然无效。当德军停止在比利时疯狂暴行时,我们相信德国人最终回归了理性。在随后的战争中,人们见证了人性的回归。当然,德军处决英国护士艾迪丝·卡维尔(1915年10月12日)与查尔斯·弗雷亚特船长的行为有悖于人道主义精神。不过,除了"二战"期间臭名昭著的纳粹集中营,战争罪犯无论在德国、法国还是英国,都得到了人道主义待遇。两军交战时,敌我士兵,尤其是空军士兵,侠肝义胆的举动,拨开了遮蔽人性的乌云。

德军处决艾迪丝·卡维尔

第9章 战时世界　| 233

中立国 受战争影响,中立国与交战国的贸易损失同样巨大。所有国家民生凋敝。当然,也有许多人在战争中发了横财。不过,瑞士军队与荷兰军队一直保持着战备状态。五年来,两国军队一直守卫着自己的国界,捍卫着国家的中立地位。战争动员旷日持久,即便没有卷入纷飞的战火中,国家也要耗费几百万英镑巨资,发行大量国债募集资金。尽管荷兰和瑞士的战争债务比交战国少很多,但它们依然难逃负债的命运。中立国进口商品均受到协约国的严格限制。比如,荷兰进口煤炭、食用油与小麦的数量必须按照人口计算。英国海军严格按照既定数量,让有限数量的进口货物通过海上进入荷兰,绝不允许多出一丝一毫,以防德国购买多余物资。

挪威 挪威资源贫瘠,经济主要依赖海上贸易。因此,整个战争期间,挪威受到重创。挪威人必须进行海上活动,否则就会遭受饥荒。挪威出海船舶经常遇到德国潜艇,被炸沉的挪威商船有八百三十一艘,排水量达一百二十三万八千吨,约一千二百名挪威水手丧命。

瑞典与西班牙 瑞典比挪威的情况稍好一些。因为瑞典工业家可以向德国提供铁矿石和钢铁制品以获取利润。德国控制着波罗的海,确保了海上运输。西班牙可以向英国与法国输送矿石,所以未遭受重大损失。第一次世界大战接近尾声时,西班牙海军一直在英法联军医务船上工作。西班牙海军的职责是确保离港医务船不装载武器,从而确保医务船在海上不受德国潜艇攻击,因为德国潜艇指挥官宣称,如果医务船携带武器,德军有理由将其炸沉。

希腊 战争开始,希腊是中立国。1917年6月后,希腊开始在萨洛尼卡前线与英法联军并肩作战。希腊加入协约国一方,完全归功于希腊首相埃莱夫塞里奥斯·韦尼泽洛斯。世界大战期间,意志坚定的埃莱夫塞里奥斯·韦尼泽洛斯一直呼吁希腊要与英国、法国、俄国延续百年友谊。希腊人民支持协约国,对抗德国与土耳其同盟,实属必然。1917年6月11日,希腊爆发革命,国王康斯坦丁一世退位,结束了希腊中立地位。

死亡人数 对于交战双方来说,死亡人数远远超过了之前任何一场战争。

德国战死了二百三十万零五千人，奥匈帝国战死了一百五十万人，土耳其战死了五十万人，英国战死了一百万人，法国战死了近一百三十万人，俄国战死了四百多万人，意大利战死了一百万人，美国在近七个月大规模战斗中战死了十万人。只有日本未接到派军去欧洲战场的命令，仅仅战死了三百人。塞尔维亚是一个小国，但损失十分惨重，战死了八十万人。这些都是战争死亡人数。还有许多人在战争中因伤致残。与从前的战争相比，第一次世界大战因疾病而丧生的人数大大减少。在从前的战争中，因病丧生的人数远远大于武器杀伤人数。世界大战中，与武器杀伤的人数相比，医疗预防与护理将因病丧生的人数降到了可以忽略不计的水平。

飞机与坦克 世界大战期间，技术取得了突飞猛进的发展。许多方面的发展成就不仅在战争时期大显身手，而且在和平时期造福于人类。航空技术取得了惊人进步。1914年8月，英军拥有二百七十二架飞机。1918年10月，英军拥有

第一次世界大战期间的英国飞机

第9章 战时世界 | 235

飞机数量已增加到两万两千架。法国与德国的飞机增长数量接近。在1915年4月22日第二次伊普尔战役中,德军首次使用毒气。此后,化学武器成为所有军队的撒手锏。据说,在1914年9月的撤退途中,法国第二十二炮兵团陆军上校让·巴普蒂斯特·欧仁·艾蒂安首次提出了坦克设想。当时,让·巴普蒂斯特·欧仁·艾蒂安上校正一边牵着马缰绳,一边在草地上踱步。突然,他停下脚步,说:"最先造出陆地'装甲舰'的一方必定获胜。"随后,法国人便开始着手设计坦克。然而,英国人捷足先登,率先造出坦克。索姆河战役后期,从1916年9月15日起,英国人开始在战场上使用坦克。显然,向战场运送这样巨大的武器不可能

让·巴普蒂斯特·欧仁·艾蒂安上校

第一次世界大战期间的坦克

悄然无息。于是，英国人在装甲金属板上标注"运往俄国的石油储罐"字样。这款巨大的武器因此得名"坦克"。

定量配给 世界大战期间，除了塞尔维亚与黑山，欧洲其他交战国人民的生活一直比较平静。各国政府对商业贸易进行管制，甚至在一定程度上调控国民生活。生活必需品价格不是由市场供求关系决定，而是由政府确定。如果官方定价低于商品成本价，国家会向供应商提供补贴。商店都正常营业。如果某种商品奇缺，绞尽脑汁的科学家与贸易商很快便开发出相应替代品。在德国、奥匈帝国、意大利与英国，政府向每家每户定量配给特定商品。政府向每家发放票据。票面标明每周每家可购买商品的数量。购买商品时，个人向商家提供代金券或抵用券即可。这种独创的抵用券制度，确保每家每户每周购买数量仅限于票面定额。德国、奥匈帝国定量配给制度运作不良，变成了政府负担。英国政府逐步推行定量配给制，直到战争最后一年才全面实施，所以进行得比较顺利。在法国，政府实行全面定价，这遭到民众的抵制。

人民的生活　尽管战争给无数家庭带来了父死子丧之痛，欧洲主要国家人民的生活状况比多数人预期的要好一些。战时各国不仅就业充分，而且工资水平高，这一切远远超出了国家的实际承受能力。不过，各国政府通过抵押贷款弥补了财政超支。空袭和轰炸从未真正摧毁人们的平静生活。好在战争及时停止。战争最后两年，在德国与奥匈帝国，不仅食用油严重短缺，儿童患肺结核及佝偻病的风险极高。法国得到美国大力援助，进口了大量美国罐装牛奶。不过，牛奶依然短缺，严重影响了儿童身体健康。根据国情，意大利政府实施了严格的定量配给制。因此，饮食节制的意大利人健康状况良好。在定量配给方面，英国政府对民众一向慷慨大方。

比利时状况　比利时与欧洲大国情况有所不同。除了伊普尔和尼乌波特，整个国家都被德军占领。比利时政府被迫迁至法国的勒阿弗尔。德国政府未采取任何措施保障占领区人民的食物供应。比利时人民自发组成中央支援及供应委员会，筹款（很多国家无偿向比利时提供金钱帮助）从美国购买食品。随后，中央支援及供应委员会再将食物定量配发至比利时各地。虽然德国政府在比利时一直实施严格的管理制度，但是除了没有能减压的娱乐活动，比利时人民的日常生活进行得还算顺利。

强制劳务输出　最令人气愤的是，德国在占领区掠夺劳工，并将劳工送至德国兵工厂做工。强制输出的比利时劳工多达五万七千人。更有甚者，德国违反战争法律与惯例，将另一批比利时劳工五万七千人送至战区，在德军阵地后方的劳工营内做苦力。尽管如此，比利时人民从未丧失必胜的信念。1916年，在科隆火车站，一批派往德国工厂的比利时年轻劳工被赶下火车。在午夜冰冷的站台灯光照射下，劳工们排好队，唱着《马赛曲》。当时，一批英国战犯乘坐火车被押送至科隆火车站，恰好听到了比利时劳工的歌声，并目睹了这一幕。

战斗精神　后方平民的精神自然无法与前线勇士的精神相提并论。在前方阵地，从未经历战争之人受到国家召唤走向战场，毫无例外地受到感染，彰显出人性最高尚的一面——大无畏的牺牲精神。他们用血肉之躯，在后方平静生

约瑟夫·鲁德亚德·吉卜林

活的家人与战场上的敌人之间,构筑了生命的壁垒。在泥泞不堪的堑壕里,疲惫不堪的士兵虽然过着艰苦的生活,但依然满腔热血。士兵们通常在地下掩体休息。约瑟夫·鲁德亚德·吉卜林在自己的著作《第一次世界大战的爱尔兰卫士》中说,然而,"比起坟墓般的堑壕,这些浸泡在水中的地下掩体更冷。即便休息时,他们也清醒地意识到:无形的眼睛正监视着他们,随时会有人死去"。

冲锋时刻一到,士兵跃出堑壕,进入枪林弹雨之中。以下文字节选自欧内斯特·拉维斯所著《法国现代史》第九卷第一百九十二页,描述了士兵冲锋前的情形:"命令口口相传。来复枪已经上好膛,刺刀也安装完毕。雨水淅淅沥沥,四处一片泥泞。士兵用手绢擦拭着枪支。大家互相握着手。有些人互相拥抱着,祝福对方。一些人眼中闪烁着迫不及待的光芒。一些人则十分冷静,仔细检查着装备。还有一些人脸色苍白,流露出一丝愁容。"

这段文字描述了堑壕的实况。穿过空中的枪林弹雨,飞行员目睹了地面上冲锋陷阵的场面。灰暗的黎明中,随着地面突然响起此起彼伏的枪声,法军阵地成千上万严阵以待的士兵,手握来复枪,从战壕一跃而出。来不及整理队形,还未听到命令,他们便义无反顾地冲向前方。每时每刻都有人悄无声息地倒下,在地面上扭动着身体。他们献出了自己的生命,却拯救了千千万万人。

第10章

巴黎和会

停战协定 1918年11月11日，随着停战协定签订，战争结束了。德国失败不是因为国内革命，而是因为德军节节失利。德国人民无法承受战争失败的压力与英国的封锁，最终发动了革命。1918年11月11日签订的停战协定不是一份普通的停战协定。它之所以非同一般，是因为德国别无选择，必须上交协约国指定的大批数量枪炮、飞机与军舰。即使接下来双方对和平条款无法达成一致，德国也不可能再次发动战争。事实上，停战已经升级为投降。德国要求协约国做出承诺：最终条款要与美国总统托马斯·伍德罗·威尔逊提出的"十四点和平原则"及其随后讲话内容相符。对此，协约国做出了相应承诺，但提出两个条件：第一，必须由协约国来确定"自由海域"范围；第二，"德国必须全面赔偿海、陆、空入侵对协约国人民及财产造成的所有损失"（选自1918年11月5日美国国务卿罗伯特·兰辛给德国政府的照会）。

战时宣传 "十四点和平原则"是"和平运动"的一部分。整个战争进程中，"和平运动"一直在进行，只是声势相对较弱。这场大战牵动着世界各族人民，甚至包括非参战国国民。在政府有条不紊的组织下，各国人民了解到战争的来龙去脉。各国政府空前信任民众。有关战争的通讯报道、各项条约甚至政治谈话记录，政府通过官方文献公开，并向新闻界发布。各国政府纷纷设立宣传部，部门职责是策划各种书籍、宣传手册与新闻稿件，解释战争前因后果，并以各种语言在世界各地发行。有些国家甚至深入敌国内部进行宣传。在英国，德国政府利用传单、手册甚至新闻报纸，以书面形式散布言论，试图粉饰战争行为。同样，英国政府也在德国宣传造势，并取得了巨大成就。世界大战期间，《泰晤士报》的改编者和《每日邮报》的创办者阿尔弗雷德·哈姆斯沃思将全部新闻资源与力量投入各个敌国，建立了协约国的宣传体系。

和平策略　战时宣传产生的诸多影响之一是各国人民对这场战争都有主见，都在思考结束战争的最佳方式。在西欧各国的首都，尤其是在中立国的首都，人们一心一意致力于和平事业。交战国环绕的瑞士就像一座岛屿。瑞士宪

阿尔弗雷德·哈姆斯沃思

法规定：持不同政见者或党派均可在瑞士境内停留。因此，瑞士尤其适合成为战时国际和平运动中心。瑞士不仅有各中立国代表举行会晤，讨论和平方案，而且交战双方代表也会不期而遇或如约而至，抓住时机进行和平试探。伯尔尼与日内瓦是战争期间非正式外交中心。1917年2月和3月，交战双方曾在瑞士进行过闻名遐迩的半官方和平努力。在比利时军队服役的波旁-帕尔马的西克斯图斯是奥匈帝国皇帝卡尔一世的内兄。受比利时国王阿尔伯特一世和法国总统雷蒙德·普恩加莱之托，波旁-帕尔马的西克斯图斯与阿道夫·埃尔德迪伯爵多次会晤。会谈中，阿道夫·埃尔德迪伯爵受奥匈帝国皇帝卡尔一世与外交

奥匈帝国皇帝卡尔一世

大臣奥托卡尔·切尔宁伯爵委托，向协约国表达了和平意愿。此时，奥匈帝国每况愈下。国家无力偿还债务，遭受饥荒与革命的威胁。然而，由于奥匈帝国政府拒绝将的里雅斯特归还意大利，谈判最终破裂。1917年冬，英国将军扬·克里斯蒂安·史末资与奥匈帝国代表阿尔伯特·冯·曼斯多夫-普伊-迪特里希施泰因在瑞士短暂协商，同样无果而终。

德国的和平倡议　早在参加世界大战之前，美国政府就十分关注和平问题。1916年12月18日，美国总统托马斯·伍德罗·威尔逊提出战争调停，遭到拒

奥托卡尔·切尔宁伯爵

扬·克里斯蒂安·史末资

绝。就在一个星期前,即1916年12月12日,德国政府曾经提出万人瞩目的和平倡议,但并未公开条款内容,这对协约国十分不利。协约国各国政府认为,不了解德国条款内容贸然前去谈判,德国必定会先发制人。此时,德军依然占据着比利时与法国东北部,完全可能以此为筹码进行要挟。因此,协约国拒绝了德国的和平倡议。

"十四点和平原则" 此后,一直到美国参战,美国总统托马斯·伍德罗·威尔逊就人类需要和平及缔造和平的必要性,通过系列讲话发表了崇高宣言。1917年4月6日,美国向同盟国宣战后,美国总统托马斯·伍德罗·威尔逊一边积极推进战争计划,一边继续向美国公众发表演说。事实上,托马斯·伍

第10章 巴黎和会 | 245

德罗·威尔逊总统的公开演讲也是在向全世界传递信息。1918年1月8日,托马斯·伍德罗·威尔逊总统以个人身份向国会陈述了历史上著名的"十四点和平原则"。"十四点和平原则"被宣布为"世界和平计划",其内容主要包括:"第一点,无秘密外交;第二点,航海自由;第三点,消除国际贸易障碍;第四点,各国军备必须减少至保障本国内部安全的最低水平;第五点,平等对待殖民地人民。"其他几点涉及同盟国从俄国、比利时、法国、塞尔维亚及协约国其他国家撤军问题。第八点指出,因普鲁士吞并阿尔萨斯-洛林导致"该地区半个世纪动荡不安",阿尔萨斯-洛林地区必须归还法国。第十二点指出,"确保奥斯曼帝国土耳其民族的主权稳定",允许奥斯曼帝国境内其他民族自治。第十三点提出"波兰独立"。第十四点提出"设立国际组织"。

非协商和平条约 "十四点和平原则"相继获得各国承认。德国政府也大致明了:和平条约是一种强加条约。不过,德国并不了解和平条约细节。如果条约内容与"十四点和平原则"和美国总统随后讲话内容相一致,德国将无法对条款内容提出异议或反对。协约国政府已经决定:起草和平条约之后,交给德国直接签署。因此,《凡尔赛和约》绝非协商和平条约。德国失去了全部资本才彻底屈服,已经错失协商谈判的机会。事实上,一旦允许德国进行协商,德国肯定会充分利用这一契机。

巴黎和会 1918年年底,和平会议开始在巴黎筹备。因此,协约国选择巴黎作为会议地点。1919年1月中旬,和平会议筹备完毕。相关国家代表团多达几千人。共有二十七个战胜国派出代表。除了真正参战的国家——英国、法国、意大利、俄国、比利时、日本、葡萄牙、塞尔维亚、罗马尼亚、希腊和希贾兹王国,还有并未真正参战却向德国宣战的国家玻利维亚、巴西、中国、古巴、厄瓜多尔、危地马拉、海地、洪都拉斯、利比亚、尼加拉瓜、巴拿马、秘鲁、暹罗和乌拉圭。这些国家曾向德国公开宣战,这对协约国十分有利,因为公开宣战意味着这些国家断绝了与德国的经济关系。此外,还有一些国家在世界大战最后几个月才诞生:捷克斯洛伐克与波兰。这两个新国家诞生于同盟国灰飞烟灭之

巴黎和会

际，随后便加入协约国，并且派出了军队。在巴黎和会上，捷克斯洛伐克代表是赫赫有名的政治家、外交家爱德华·贝奈斯，波兰代表是著名音乐家伊格纳奇·扬·帕德雷夫斯基。1917年，俄国退出了战争，所以未派官方代表出席会议。出席巴黎和会的国家都是协约国成员。直到条约起草完毕，敌方国家德国代表、奥地利代表、匈牙利代表①、保加利亚代表和土耳其代表才获准来巴黎。

巴黎和会代表团　由于战争规模空前而且涉及利益极其复杂，主要国家的巴黎和会代表团成员相当复杂。参与起草条约的各国代表必须有一大批

爱德华·贝奈斯

---

① 这时，奥匈帝国已经解体。——译者注

伊格纳奇·扬·帕德雷夫斯基

人员——军人、公务员、经济学家、地理学家、语言学家、民族学家及其他人员——辅助。英国代表团有五百多人,住在克勒贝尔大街美琪大酒店。英国政府承包了酒店从地下室到顶楼所有房间。英国各委员会与官员办公室设在另外两所酒店内。美国代表团不如英国代表团规模大,住进了协和广场的克利翁酒店。各国政府派出高官作为全权代表,与代表团其他成员入住同一酒店。不过,美国总统托马斯·伍德罗·威尔逊单独住在美利坚广场的一栋房子内。英国首相大卫·劳合·乔治住在美琪大酒店附近的一套公寓里。法国政府近水楼台先得月，像奥地利帝国在1815年维也纳会议上一样，动员了全国的公务员与有一技之长的专门人才。会议举行的实际地点是位于奥赛堤岸的法国外交部。

主要与会代表 在奥赛堤岸，代表团召开了多次会议，既有重大会议，也有涉及非主战国利益的会议。不过，绝大部分工作与具有决定意义的会议由协约国主要国家主持，即法国、英国、意大利、美国和日本。主要会议只有五大强国全权代表参与。这是保证任务繁重的巴黎和会以合理速度推进的唯一办法。巴黎和会主席是法国总理乔治·克里蒙梭。美国总统托马斯·伍德罗·威尔逊、英国首相大卫·劳合·乔治及英国外交大臣阿瑟·贝尔福也起到了非常重要的作用。意大利全权代表是西德尼·桑尼诺。西德尼·桑尼诺一贯态度强硬，不善

阿瑟·贝尔福

西德尼·桑尼诺

与人共事。同时出席巴黎和会的意大利总理维托里奥·埃曼努尔·奥兰多却十分机智灵活。希腊全权代表是埃莱夫塞里奥斯·韦尼泽洛斯。作为次要国家代表,埃莱夫塞里奥斯·韦尼泽洛斯在确定巴尔干半岛相关条款时,彰显出政治领袖的能力与风范。在条约内容上,他为希腊争取到大量有利条件。然而,由于后来埃莱夫塞里奥斯·韦尼泽洛斯退出政坛,希腊最终未能获得实际利益。在巴黎和会上,英国的扬·克里斯蒂安·史末资将军和罗伯特·塞西尔勋爵,以及法国的莱昂·布儒瓦虽然没能起到主导作用,但承担了重要任务,与美国总统托马斯·伍德罗·威尔逊一起负责创建国际联盟。

德国照会 1919年5月月初,协约国与德国之间的和约草稿——共四百四十条——拟订。到目前为止,协约国不允许德国参加协商或起草和约内容。经过协约国代表团各委员会长时间无数次研究后,协约国全权代表召开多次会议,最终拟订了和约草稿。当和约草稿拟订后,德国政府才接到通知派代表团前去参会。德国代表团抵达法国后，住在凡尔赛宫。在这里，德国代表既能潜心研究和约草稿，又能不受外界打扰在园内散步。1919年5月7日，和约草稿交给了德国代表团。德国代表有三星期时间进行研究并提交意见。这项任务十分艰巨。德国代表承担了这个重任，负责研究冗长复杂的系列条款。1919年5月29日，德国代表准备了一系列超长照会（一百多页密密麻麻的打印纸），以分次连续说明的方式，提交了对和平条款的意见。最终意见汇总为一份声明：根据"十四点和平原则"，协约国与德国之间已经签订停战和约。实际上，交给德国代表团的和约草稿与"十四点和平原则"并不一致。不过，1919年6月16日，协约国以书面形式，巧妙、合理地解释了忽略两者差异的原因。

修订机构 德国以充分事实为依据指出，就目前的形势与范围来看，协约国及参战国政府提出的建议根本不可能付诸实践。针对此事，协约国回复说，根据和约，"建立修订机构，通过讨论意见与统一意见的方式，调解所有国际问题。并根据最新实际情况，及时修订1919年拟定的和约。"事实的确如此。所有条约都要适时调整，《凡尔赛和约》也不例外。只要双方（协约国与德国地位平等）理由充分，就可以调整和约。在提议中，德国指出了可能成为修订阻力的一个因素：德国既不是战争赔偿委员会成员，也不是国际联盟成员。不过，协约国不允许德国进入赔偿委员会和国际联盟。在1919年6月16日的回复中，协约国指出："世界大战接近尾声时，德国革命才爆发。目前，谁也无法保证德国不会发生新的变化。"不过，协约国针对德国提议做出了让步——专门组织上西里西亚公投，并未将该地直接并入波兰。此外，在1919年6月16日照会中，协约国告知德国："协约国必须申明，照会及其备忘录构成了最后定论。"当时，德国政府不得不接受和约，否则就要再次面临战争。然而，此时德国已经不可能继续战争。最终，1919年6月28日，双方在凡尔赛宫签订了和约。

《凡尔赛和约》 像人类制订的所有法律一样，《凡尔赛和约》也不完美，但它是一份重要文件。可以说，它是欧洲体系的总宪章。《凡尔赛和约》共十五部分。开篇第一部分是国际联盟盟约，结尾第十五部分是杂项。

国际联盟 《国际联盟盟约》（第一条至第二十六条）带给整个世界巨大希望，因此，各国智囊对建立国际联盟寄予厚望。他们都曾亲身经历了世界大战，盼望着全世界长治久安。根据《国际联盟盟约》，国际联盟应运而生。联盟成员包括世界所有文明国家。国际联盟成员国不仅承诺保障各国领土完整，而且承诺战前双方必须先以仲裁方式解决争端。为了完成伟大使命，国际联盟在日内瓦设立了永久性机构——秘书处，由各国政治家——其中不乏誉满全球、经验丰富的政治家——组成理事会，以公平谨慎的态度处理一切相关问题。当然，国际联盟不一定每次都能促成和解。

领土问题 《凡尔赛和约》第二部分（第二十七条至三十条）是德国边界问题。这部分内容的主要目标是：德国将阿尔萨斯-洛林归还法国（根据《凡尔赛和约》，恢复1870年7月18日的德法边界）。德国要将西普鲁士和波兹南归还波兰，恢复1772年边界，即第一次瓜分波兰前的边界。

比利时与鲁尔问题 《凡尔赛和约》第三部分（第三十一条至第五十条）是欧洲政治条款。条款取消了比利时与卢森堡的中立地位。根据当地居民公投结果，包括奥伊彭和马尔梅迪在内，共有好几块小面积土地从普鲁士分割出去。禁止德国在莱茵河两岸五十公里（三十英里）范围内设防或驻军（《凡尔赛和约》第四十二条与第四十三条）。根据《凡尔赛和约》第四十五条，"为了补偿法国北部煤矿遭受的损失"，德国将鲁尔盆地全部煤矿永久性地交给法国。其中部分煤矿为普鲁士所有，部分为私人所有，煤矿所有者的全部损失将由德国政府承担（《国际联盟盟约》第三部分附件第一章第五条）。鲁尔盆地将由国际联盟成立"五人委员会"负责管理。"五人委员会"中一人来自法国，一人来自鲁尔，三人来自德国与法国之外的国家。"五人委员会"将负责管理鲁尔十五年。十五年后，由鲁尔居民决定最终归属法国还是德国。

北石勒苏益格与但泽问题 其他政治条款涉及德国向捷克斯洛伐克、波兰及以公投的形式向丹麦割让土地的问题。割让给丹麦的土地因与本次战争无关，通过最理想的方式得到了解决。1864年，普鲁士与奥地利从丹麦夺取了石勒苏益格-荷尔斯泰因。石勒苏益格-荷尔斯泰因大部分居民为德意志人。不过，北石勒苏益格居民主要为丹麦人。1866年，普鲁士承诺由北石勒苏益格人公投决定是否回归丹麦。然而，普鲁士政府言而无信，并未兑现承诺。《凡尔赛和约》第一百零九条要求德国在国际委员会监督下执行公投。最终，公投结果是北石勒苏益格部分地区回归丹麦。根据《凡尔赛和约》第一百条至第一百零二条，德国承认但泽为独立城邦。

德国殖民地问题　《凡尔赛和约》第四部分（第一百一十八条至第一百五十八条）涉及德国境外权利。根据第一百一十九条规定，协约国大笔一挥便将德国海外产业全部剥夺。随后，协约国瓜分了德国海外产业，并向国际联盟承诺执行"托管权"，负责管理德国殖民产业。在《凡尔赛和约》签订前，德国殖民地全部私有财产交给协约国管理。协约国将根据财产出售进程向私人财产所有者进行补偿（第二百九十七条）。德国殖民地所有财产将不会获得任何补偿，直接交给协约国。

德国军备问题　《凡尔赛和约》第五部分关于海军、陆军、空军的条款（第一百五十九至第二百一十三条）。德军将裁军至十万人（第一百六十条）。德国废除全民义务兵役制度（第一百七十三条）。军队（上限为十万人）从志愿者中招募新兵，服役期限为十二年（第一百七十四条）。德国将废除"总参谋部及所有类似组织机构"（第一百六十条）。德国海军军备将缩减至六艘军舰、六艘巡洋舰、十二艘驱逐舰和十二艘鱼雷船。德国海军不得保留潜艇（第一百八十一条）。德国海军、陆军不得保留空军力量（第一百九十六条）。

战犯及墓葬问题　《凡尔赛和约》第六部分（第二百一十四条至第二百二十六条）专门处理战犯与墓葬问题。双方战犯均遣返各自国家。德国承担全部遣返费用，包括德军遣返协约国战犯及协约国遣返德国战犯的所有费用（第一百二十七条）。协约国和德国达成共识，尊重并保留在各自领土上的他国士兵及海员的墓葬。

战争罪行问题　《凡尔赛和约》第七部分（第二百二十七至第二百三十

条)关于处罚问题。"协约国公开指控德国霍亨索伦王朝皇帝威廉二世,严重亵渎国际道德与尊严"(第二百二十七条)。鉴于德皇威廉二世已经逃往荷兰,该条款申明:协约国将恳请荷兰政府交出德皇威廉二世,再对其进行审判。协约国向荷兰政府提出请求时,遭到荷兰政府拒绝。根据第二百二十八条,德国政府承诺:将所有受到指控、违反战争法律与惯例的罪犯移交协约国,由协约国军事法庭审判。然而,德国政府随后获得批准,不再将受指控的德国战犯移交协约国,而是由莱比锡德国高级法庭进行审判。1921年,莱比锡德国高级法庭总共进行了九次审判。陆军少校克鲁西亚斯因"杀人"(枪杀犯人)判处两年监禁。两名德国潜艇军官,因战时用鱼雷轰炸医疗船"兰德福瑞城堡"号,并纵火烧毁船上救生艇,被判处四年监禁。

战争赔款问题 《凡尔赛和约》第八部分(第二百三十一条至第二百四十七条)像潘多拉魔盒,埋下了隐患。潘多拉魔盒一旦被打开,灾难将

德国潜艇军官轰炸"兰德福瑞城堡"号医疗船,并纵火烧毁船上救生艇

随之降临整个欧洲。第八部分主要解决战争赔款问题。这部分内容建立在停战双方达成一致谅解基础之上，初衷很单纯。根据第二百三十一条，"战争期间，因德国及其盟友侵略行为"，协约国政府和国民遭受的一切损失与破坏，由德国负全责。然而，协约国也承认（第二百三十二条）德国资源不足（尤其是德国将失去资源价值最高的地区，如阿尔萨斯-洛林和鲁尔），根本无力全部赔偿。因此，根据《凡尔赛和约》第八部分附件一规定，协约国承诺将战争赔偿要求严格限定在以下范围内：第一，赔偿海、陆、空三方面侵略对协约国人民造成的损失；第二，根据资本价值支付阵亡将士全额抚恤金；第三，补偿协约国用于战犯的开支及德军虐待战犯造成的损失。因为当时无法计算出总额，所以条款并未标注德国的赔偿总额。此后成立的赔偿委员会（仅由协约国代表组成，没有德国代表）将于1921年5月1日之前确定赔偿总额。第八部分的附件详细说明了能够进行以物代偿的实物（如动物和煤炭）数量。此外，德国承认由协约国决定以物代偿的权利。对于战争损毁的协约国所有商船与渔船，德国将按"吨位计算"进行实物抵偿。

国家公债问题　《凡尔赛和约》第九部分（第二百四十八条至二百六十三条）是财政条款。其中，最重要的条款之一是第二百四十九条。根据此条款，德国要承担协约国及参战国军队在德国占领区（根据1918年11月11日签订的停战协定）的日常开销。德国称，《凡尔赛和约》签订时，协约国军队在德占领区的开销相当于战前德军的开支。第二百五十四条包含一条与国际法保持一致的平等条款。德国政府割让地区的国家公债将由获得该地的协约国政府负责。不过，这条规定并不适用于阿尔萨斯-洛林。1871年，德国吞并阿尔萨斯-洛林时，曾经拒绝承担这里的法国公债。如今，法国重获阿尔萨斯-洛林，理所当然地拒绝承担当地的德国公债（第二百五十五条）。此外，德国的殖民地由协约国瓜分，协约国也未承担相应的德国公债（第二百五十七条）。

关税问题　《凡尔赛和约》第十部分由经济条款组成。征收进口关税时，德国承诺对协约国一视同仁。不过，阿尔萨斯-洛林的商品进入德国要免除五年关税（第二百六十八条）。同样，战前曾属于德国的波兰，商品进入德国也要免除关税（三年）。

交通运输问题　《凡尔赛和约》第十一部分（第三百一十三条至第三百二十条）由航空运输条款组成。第十二部分（第三百二十一条至第三百八十六条）解决港口、水上航道与铁路运输问题。德国政府承诺不收取过境德国转运货物的关税（第三百二十一条）。在德国港口与内河航线上，协约国国民享受德国公民同等待遇（第三百二十七条）。易北河、奥得河、尼门河及流经乌尔姆的多瑙河被宣布为国际河流。德国无权剥夺这些国际河流的通航权。每条河流均由相应的国际委员会负责管理，如易北河由六国代表组成的委员会负责。六国代表中有四位位于易北河流域邦国代表、两位捷克斯洛伐克代表、一位英国代表、一位法国代表、一位意大利代表及一位比利时代表。按照欧洲公法，莱茵河本来就是一条国际河流。不过，现在由新成立的委员会负责管理。该委员会由荷兰、瑞士、位于易北河流域的邦国、法国、英国、意大利和比利时的代表组成。法国负责任命委员会主席，委员会总部设在斯特拉斯堡（第三百五十五条）。

劳动力问题　《凡尔赛和约》第十三部分（第一百九十三条至第四百二十七条）由劳动力条款组成。国际联盟专门成立了一个国际组织，作为分支机构，捍卫人道主义在全世界的实施情况，并尽可能保障世界各地每天每周最大工作时长。第十三部分最后一条，即第四百二十七条，专门提及："工薪阶层的身心健康是至关重要的国际问题。"同时，该条款指出：因各地习俗与气候差异，"严格按照统一标准保障劳动条件，不太现实"。

担保问题　《凡尔赛和约》第十四部分（第四百二十八条至第四百三十三条）由担保条款组成。为了保证条款落实，第四百二十八条规定：由协约国派出军队，占领德国莱茵河西岸地区及东岸桥头堡地区十五年。此外，有两项条款当时并未引起利益双方的注意，即有关战争赔款的第八部分附件二中的第十七条及第十八条。如果德国在落实赔偿条款时失职，赔偿委员会将情况反映给接受赔偿一方（第十七条）。受偿一方有权采取相应措施，"包括采取经济及财政禁令或报复手段。由受偿方政府决定是否有必要采取特殊手段"（第十八条）。该条款不仅适用于法国已经占领的莱茵河左岸地区，也适用于法国占领的德国鲁尔区。

1919年6月28日，随着《凡尔赛和约》的签订，新欧洲也应运而生。新欧洲完全不同于战前欧洲，却与战时人们对未来的设想相差无几。"欧洲国家体系"依然存在。

国际联盟的作用　《凡尔赛和约》给欧洲带来了两大变化。首先，《凡尔赛和约》确立了世界各国组成的咨询机构——国际联盟，其行政管理机构设在日内瓦。根据国际联盟宪章，国际联盟的职责范围不仅限于拥有咨询权。在特定情况下，国际联盟可以通过经济手段或军事手段施压，强制执行相关决定。美国政府并不认可《凡尔赛和约》（直到1921年8月25日，美国与德国才正式签订和约），国际联盟的工作因美国缺席而受阻。尽管美国总统托马斯·伍德罗·威尔逊一直想加入国际联盟，但遭到美国政府拒绝。

德国地位　如果说国际联盟是《凡尔赛和约》在政治方面的创举，那么德国裁减军备与缩减领土则是《凡尔赛和约》的另一个创举。自1871年至1914年以来，德国军事威胁像一团遮天蔽日的乌云一直笼罩在欧洲国际关系上方。现在，整个欧洲终于晴空万里。德国是君主专制国家，德国人口众多，国民文明程度高。帝国皇帝与忠心耿耿的容克贵族阶级统治着德国。1918年10月22日，德国政府在致美国总统托马斯·伍德罗·威尔逊的照会中说："迄今为止，德国人民代表没有对政府的组织产生过任何影响"。现在，德皇威廉二世已经退位。德国即将建立的立宪政体与欧洲其他国家一样。人们期待着德国人民的优秀品质使德国成为稳定的欧洲体系中的一员。

补充条约　《凡尔赛和约》标志着一幅崭新的欧洲政治地图的形成。在《凡尔赛和约》中，新出现的国家（重新复国的历史古国）是根据相关条款成立的正式国家。此类国家有：波兰（因1795年被瓜分而灭亡）和捷克斯洛伐克

（自1526年以来一直附属于奥地利）。为了解决世界大战的遗留问题，其他条约还需要签订。1919年9月10日，协约国与奥地利签订了《圣日耳曼条约》，将原奥匈帝国版图缩减至德语区，人口仅有一千万人（此前大概有四千万人）。该条约还涉及不再是公国的列支敦士登。奥地利成为没有海岸与港口的内陆国家，仅拥有一座大城市维也纳。奥地利失去了大片土地，意大利与南斯拉夫成为最大受益者。1920年6月4日，协约国与匈牙利签订了《特里亚农条约》，承认匈牙利脱离奥匈帝国成为独立国家，同时把特兰西瓦尼亚从匈牙利分出来并入罗马尼亚，蒂米什瓦拉德班纳特也被分出来并入塞尔维亚-克罗地亚-斯洛伐尼亚王国。1919年11月24日，协约国和保加利亚签订了《纳伊条约》，将保加利亚在第一次巴尔干半岛战役中获得爱琴海上的领土转让给希腊。1920年8月10日，协约国和土耳其签订了《色佛尔条约》，将土耳其领土缩减至欧洲的君士坦丁堡和加里波利半岛，土耳其在亚洲的领土——美索不达米亚、巴勒斯坦、叙利亚、包括士麦那在内的大片土地悉数被剥夺。其中，美索不达米亚和巴勒斯坦

签订《色佛尔条约》

第 10 章 巴黎和会 | 259

由英国托管，叙利亚由法国托管。位于小亚细亚的士麦那及位于欧洲的色雷斯由希腊统治。然而，土耳其政府拒绝承认《色佛尔条约》。1921年至1922年，新建立的土耳其军队连败希腊军队，最终结束了与希腊之间的争端。

波罗的海及其他国家 值得一提的是，还有四个国家在世界大战中崛起。1917年革命之后，布尔什维克掌握了俄国政权。布尔什维克宣称，原俄罗斯帝国各地人民有"独立自决权"。因此，原俄罗斯帝国波罗的海沿岸行省纷纷独立。独立的国家有立陶宛、拉脱维亚、爱沙尼亚和芬兰。虽然乌克兰也成立了独立共和国，但两年后，动荡不安的乌克兰重新回到了布尔什维克俄国的怀抱。黑海岸边的比萨拉比亚并未独立。因为当地主要是罗马尼亚人，所以比萨拉比亚最终并入了罗马尼亚。虽然高加索地区的格鲁吉亚曾宣布独立，但1921年布尔什维克俄国派军吞并了格鲁吉亚。

第 11 章

实行共和宪政的新德国

霍亨索伦王朝末代首相 世界大战持续了五年。在停战协定签订的一个半月之前,无法继续战争的德国分崩离析了。世界大战爆发之初,特奥巴尔德·冯·贝特曼-霍尔维格担任德国首相。特奥巴尔德·冯·贝特曼-霍尔维格心地善良,性格软弱。当他意识到必须控制德军总参谋部时,已经晚了。1917年7月14日,奥巴登·冯·贝特曼-霍尔维格辞职。新首相格奥尔格·米夏埃利斯是一位办事高效的公务员,仅仅执政三个月,被《泰晤士报》戏称:"在闻名遐迩的普鲁士官僚机构昙花一现。"格奥尔格·米夏埃利斯之后担任首相的是慕尼黑大学哲学教授格奥尔格·冯·赫特林。格奥尔格·冯·赫特林是罗马天主教徒,巴伐利亚保守派政治家。他在战争中肩负起国家重任。他希望疲惫不堪的德国能摆脱困境。然而,德军总参谋部并不支持格奥尔格·冯·赫特林。1918年9月30日,格奥尔格·冯·赫特林被迫辞职。随后,担任首相的是极力主张改革的马克斯·冯·巴登——巴登大公弗里德里希二世的堂弟。

基尔兵变 为了摆脱困境,德国首相马克斯·冯·巴登计划建立议会制自由德国。不过,马克斯·冯·巴登错过了最佳时机。1918年11月5日,基尔水兵拒绝出征。他们升起了社会主义红旗,杀死企图阻止兵变的军官。各地工业中心与军事中心纷纷成立"工人与士兵委员会"。1918年11月9日,马克斯·冯·巴登

格奥尔格·米夏埃利斯

格奥尔格·冯·赫特林

马克斯·冯·巴登

巴登大公弗里德里希二世

从柏林逃往家乡卡尔斯鲁厄，弗里德里希·艾伯特继任首相。弗里德里希·艾伯特属于温和的社会民主党派。他必须妥善处理战争失败与国内革命问题。

德皇出逃　当弗里德里希·艾伯特继任首相时，整个德国如同一盘散沙。1918年11月10日，德皇威廉二世从比利时斯帕陆军司令部逃往荷兰。曾在凡尔登前线指挥军队的皇太子威廉也逃往荷兰。德皇威廉二世在荷兰本廷克伯爵的阿梅隆根城堡定居。荷兰政府为德国皇太子威廉在须德海的威林根岛上提供了一所住处。1923年11月，皇太子威廉返回德国。

弗里德里希·艾伯特

德国皇太子威廉

人民代表议会 在柏林,六位勇士共同承担起政府职责,尝试重振德国。这六位勇士分别是弗里德里希·艾伯特、菲利普·沙伊德曼、奥托·兰茨贝格、胡戈·哈泽、威廉·迪特曼和埃米尔·巴斯。六位勇士组建人民代表议会,颁布了"具有法律效力"的法令。该法令专门陈述了自由权利,其中包括德国即将实施的出版自由。法令还宣布政府将保护私有财产。因此,人民代表议会反对在各地夺权的共产主义者。人民代表议会宣布新德国将是实施共和宪政的国度。国家尊重私有财产,逐步推行改革,实现社会改良。

菲利普·沙伊德曼

奥托·兰茨贝格

胡戈·哈泽

威廉·迪特曼

斯巴达克主义者 人民代表议会得到了淳朴的德国人民与各级行政部门的支持。然而,激进共产主义者令整个国家面临着巨大危险。随着旧帝国的解体,新宪政共和国宣布成立。与此同时,卡尔·李卜克内西和罗莎·卢森堡在世界大战前成立的斯巴达克同盟变得十分激进。虽然人民代表议会得到了军队支持,但在德国陆军解散之际获得大批武器的斯巴达克主义者,趁机发动暴乱。1918年12月,斯巴达克主义者夺取柏林政府办公大楼。一场血战后,斯巴达克主义者被逐出政府办公大楼。人民代表议会采取了极端措施镇压暴乱。随后,人民代表议会便解体。不过,弗里德里希·艾伯特、菲利普·沙伊德曼和奥

罗莎·卢森堡

古斯塔夫·诺斯克

托·兰茨贝格保留了原职,古斯塔夫·诺斯克作为新一任国防部长加入内阁。古斯塔夫·诺斯克属于社会民主党,世界大战期间曾支持政府。古斯塔夫·诺斯克手段十分强硬。他虽然不断遭到批评与声讨,但仍然组织了一支十分有效的警察力量,最终将暴乱平息。斯巴达克主义者在柏林再次发动暴乱时,古斯塔夫·诺斯克起用老部下沃尔泽·冯·吕特维茨进行镇压。经历了街头巷战的炮火纷飞后,柏林终于恢复了平静。卡尔·李卜克内西和罗莎·卢森堡被捕。1919年1月16日,被押送监狱途中,他们被士兵杀害。

魏玛议会 德国依然动荡不安,暴力事件每时每刻都在发生。恰逢此时,由二十岁以上的德国公民投票选举产生的议会代表,参加了1919年2月6日召开的国民议会。国民议会在魏玛举行。魏玛风景美丽,是图林根州的首府,德国文化发源地之一。这里的秩序比其他地方更稳定。国民议会讨论了正在巴黎举行的和平会议前景。同时，踌躇满志的国民议会还讨论了共和政体国家新宪法。到1918年为止，德国拥有二十二个自治邦国。这时，从国家最高统治者皇帝到各地统治者公爵，大小君主纷纷逊位，由临时政府取而代之。弗里德里希·艾伯特任临时政府总统，菲利普·沙伊德曼任政府总理。德国新宪法由内务部部长胡戈·普鲁斯提出框架并起草拟订。经过长时间讨论、慎重考虑、多次修订后，国民议会最终采纳了新宪法。1919年8月11日，新宪法正式生效。此前，国民议会已经签署并认可了《凡尔赛和约》。

德国新宪法　新宪法宣布德国为联邦国家。国家元首为总统（男女总统均可担任），由全国三十五岁以上公民投票选举产生，每届任期为七年。国家的

胡戈·普鲁斯

立法机构是国民议会，由全国二十岁以上男女公民选举产生一院制议会。总统负责任命内阁部长。总理为内阁部长之首。内阁部长可能是但不一定是国民议会议员。根据新宪法规定，内阁要为国民议会负责。德国内阁是英国式内阁。新德国由普鲁士、巴伐利亚和其他联邦组成。各联邦拥有独立宪法与自治权利，但必须听命于中央政府。原来的七个小邦国合并为图林根州。新德国第一位总统是弗里德里希·艾伯特。弗里德里希·艾伯特尽管对国家公共事务并不热衷，却依然被视为新德国缔造者。

沃尔夫冈·卡普政变 共和宪政德国受到内乱威胁。威胁制造者不仅有斯巴达克主义者，还有保皇派。保皇派主要来自势力强大的旧普鲁士容克贵族阶级。1920年3月，沃尔夫冈·卡普联合保皇派人士沃尔泽·冯·吕特维茨（1918年

沃尔夫冈·卡普

曾是反斯巴达克主义的共和国捍卫者）发动政变。他们成功夺取柏林中央政府办公大楼。总统弗里德里希·艾伯特与内阁部长被迫逃至斯图加特。然而，几天后，沃尔夫冈·卡普发现未能获得公众支持，被迫放弃政变，落荒而逃。

鲁尔的斯巴达克主义者暴动 危险的沃尔夫冈·卡普政变最终以荒唐可笑的方式收场。然而，随后发生了一场严重事变。1921年3月，鲁尔工业区发生了一场斯巴达克主义者暴动。暴动主要发生在埃森及其他城镇。暴动分子占领了工厂与公共设施。当地守法居民请求政府派军队保护。然而，鲁尔处于《凡尔赛和约》确立的中立地带，德国军队不得进入。不过，德国政府最终派军进入了鲁尔。一场激战过后，鲁尔终于恢复了平静。然而，在德军平乱前，1921年4月法国政府派军占领了德国重要城市法兰克福，以抗议德军进入鲁尔。法军大张旗鼓的行动震动了欧洲政坛。不过，事情最终圆满解决了。鲁尔恢复平静后，德军便撤离了。同时，法军也撤离了法兰克福。

上西里西亚 激进共产主义者一直扬言破坏新政府。1921年3月，德国政府面临严重的危机。萨克森与鲁尔的上空红旗飘扬。工人夺取了工厂，建立了苏维埃政权。与鲁尔居民一样，萨克森居民请求政府派正规军镇压叛乱。1921年10月，自顾不暇的德国政府必须面对另一场危机。1921年10月11日，根据上西里西亚公投结果与国际联盟仲裁结果，工业价值极高的上西里西亚大部分地区将割让给波兰。德国人民强烈反对割让上西里西亚。智勇双全的新任总理卡尔·约瑟夫·沃斯妥善解决了上西里西亚危机。德国政府虽然解决了所有危机，但无法解决战争赔款问题。

战争赔款 战争赔款问题由《凡尔赛和约》第二百三十一条、第二百三十二条与第二百三十三条引发。根据《凡尔赛和约》，德国承诺为协约国各国政府与人民的战争损失负责。德国赔偿总额由赔偿委员会于1921年5月1日之前确定（《凡尔赛和约》第二百三十三条）。有了德国支付的战争赔款，法国、意大利和比利时才能重建遭到战争破坏的地区。协约国也能够偿还战争外债。

遭到战争破坏的地区 然而，协约国遭到战争破坏的地区不可能坐等战

卡尔·约瑟夫·沃斯

争赔款,必须马上开始重建。尤其是法国东北部,大片重要地区已经成为废墟。从战争停止那一刻起,法国就开始了重建工作。法国向国民筹钱,并承诺,只要德国战争赔款一到,便立刻将钱归还。停战后三年半,法国政府因重建遭到战争破坏的地区而记在"德国名下"的开支,共计一千亿法郎(约二十亿英镑)。

战后会议 协约国各国政府多次召开会议,希望针对德国战争赔款总额达成一致意见。1920年6月,布洛涅会议提出德国赔偿总额为一百三十四亿五千万英镑。赔偿总额将根据协约国的议定数额在各国再次分配。1921年1月召开的巴黎会议将德国赔偿总额降至一百一十三亿英镑,分四十二期,按年支付。

德国经济衰退 与此同时,德国政府财政状况每况愈下。战争期间,原帝国政府借了巨债。政府通过税收弥补战争开支,可谓杯水车薪。现在,饱受革命困扰的共和政府必须支付这笔贷款利息。根据《凡尔赛和约》，政府需要向一部分德国公民支付巨款，因为有人上交了德属殖民地的个人财产，有人交出了鲁尔的私人煤矿，有人交出了私人商船通过"按吨位计算"的方式抵偿了协约国沉没船舶。除此之外，1919年至1921年，德国政府持续向面包商支付巨额补贴，以确保面包价格低廉。政府还一直补贴亏损经营的铁路。德国政府几乎难以维持财政收支平衡。德国政府十分软弱，过分依赖舆论。因此，德国政府根本不敢像英国政府那样向人民征收重税。1922年，对于一个中等富裕的英国人来说，所得税若以英镑计算为其收入的百分之三十。同样以英镑计算，一个德国人要向政府缴纳的所得税仅为其收入的百分之十五。德国政府努力增加税收，并开始强征资本税，但依然入不敷出。财政赤字只能通过不断发行纸币来弥补。然而，政府这样做无异于开空头支票，根本没有黄金硬通货做保障。显然，德国的经济现实是大量代用货币在市场流通，贵金属货币越来越少。因此，随着新纸币印刷发行（金属货币已经完全从市场消失），马克的价值一直下跌。在全世界范围内，英镑和美元的发行数量依然相当稳定。马克的发行数量每周以百万计的速度不断增加。要用很多马克才能兑换一英镑或一美元。1913年至1914年，二十马克能兑换一英镑。1918年11月11日停战后，马克兑换英镑的汇率曾一度高达七十比一。1920年年底，马克兑英镑的汇率为二百五十七比一。到1921年年底，马克兑英镑的汇率近三百比一。1923年5月月底，法军占领鲁尔工业区后，马克兑换英镑的汇率上升至二十多万比一。1923年8月，马克兑换英镑汇率高达四千万比一。1923年12月31日，马克兑英镑的汇率竟然直接飙升至二十万亿比一。

赔偿方式 德国政府无力维持国家经济正常运作，很难筹集资金向协约国支付战争赔款。如果通过购买英镑、美元或法郎来支付战争赔款，只会让德国付出更高的代价，马克贬值也更快。对德国来说，支付战争赔款的最佳方式莫过于以物代偿，如以煤炭来代偿。不过，仅仅如此还不足以支付全部赔款。德国可选的另外一种方式是大量出口制成品，并且要远远超过进口量。然而，协约国并不希望本国市场被德国商品占领。为了自保，各国纷纷提高关税来抵制德国商品。

实物代偿 只要允许使用以物代偿的方式，德国政府基本能够满足协约国的赔偿要求。1920年10月，协约国各国代表与德国代表在斯帕签订了协议，史称《斯帕协议》。《斯帕协议》要求德国每月运送两百万吨煤作为赔偿。德国政府虽然遵守《斯帕协议》，但并非每次都能如期完成。事实上，严格遵守《斯帕协议》绝非易事。德国政府必须在鲁尔工业区的合适地点，每日采集三十多万吨煤。除此之外，德国还要准备好加长列车。首先用满载的卡车将煤运出矿区，再用火车将煤送至意大利、法国和比利时。显然，只有获得政府部门的财力、物力与人力的支持，采集与运输工作才可能组织好。不过，仅靠以煤代偿根本无法完全重建遭到战争破坏的法国地区，更不可能使法国还清英国与美国战争贷款的本息。当然，英国与美国战争贷款的本金可以延后支付，但重建受战争破坏地区和偿还战争贷款利息无法往后拖延。

伦敦计划 《凡尔赛和约》签订时，德国战争赔偿总额并未确定。不过，《凡尔赛和约》规定：1919年、1920年及1921年前四个月，德国支付的首笔赔款为十亿英镑（第二百三十五条）。1921年4月，德国政府经过计算，向协约国表明：将以物代偿包括在内，已经如期支付了规定的赔款。然而，协约国并不认同，坚持说德国并未支付规定的赔款。英国、法国和意大利拒绝接受德国的计算方法。三国政府根据《凡尔赛和约》第八部分附件二第十八条，申请对德国进行国际制裁。具体制裁措施如下：第一，协约国在德国占领区与非占领区之间设置关税壁垒，流入占领区的商品税收归入战争赔款基金；第二，法军占领德国莱茵河东岸非占领区的杜伊斯堡、鲁洛特和杜塞尔多夫。巨大的压力迫使德国政府同意了1921年5月经过赔偿委员计算之后数额。著名的"伦敦计划"应运而生，其内容为：德国赔款总额为六十六亿英镑——比1920年及1921年1月在布洛涅和伦敦提出的赔偿数额少了很多。德国需要立即支付的金额为大概一亿两千万英镑，外加德国出口总额的百分之二十五。

博纳·劳

英国的提议 根据1921年5月伦敦计划,德国赔偿数额比之前规定的数额大大减少。然而,在接下来的数月,德国未能如数支付。截至1922年年底,德国拖欠的赔款依然很多。1923年1月,协约国在巴黎再次召开临时会议。英国政府首相博纳·劳提议:鉴于目前德国经济低迷、马克贬值的实际情况,应当准许德国延期支付赔款。根据新计划,德国连续四年无须偿还债务,只须继续向法国与意大利运送可乐和煤。四年后,德国每年偿还一亿两千五百万英镑。再过十年,德国每年偿还一亿六千六百万英镑。如果所有赔款均如期偿还,三十二年后即可还完。一旦法国与意大利同意实施该计划,英国政府就答应免除两国欠下的绝大部分战争债务。

法国政府对英国计划置之不理，单独提出了一个计划。同样，英国政府也拒绝接受法国计划。理由是法国计划逼人太甚，必然导致德国破产，最终只会竹篮子打水一场空。

占领鲁尔 巴黎临时会议最终不欢而散。不久，赔偿委员会发现：根据《凡尔赛和约》规定，德国应当输送木材进行代偿。然而，德国迟迟没有行动。于是，赔偿委员会（英国代表并未参加投票）宣布德国违约。法国政府总理雷蒙·普恩加莱不愿妥协，继续按照《凡尔赛和约》第八部分第十八条规定，采取"其他措施"逼迫德国偿还。然而，《凡尔赛和约》第八部分第十八条并未谈及"其他措施"的具体内容，也未说明该措施由一国单独实施还是各国共同执行。数月以来，法国一直声称，唯一有效措施就是抢占"保障资源"。1923年1月11日，法国政府派出一支军队，在让·德古特将军率领下，跨过莱茵河，占领

让·德古特

了埃森及鲁尔。德国政府立刻停止向法国运送煤。不过,德国继续向意大利每天按时用火车运送煤炭,直到1923年8月11日为止。德国与法国陷入了僵局。法国将一支约七万人的军队驻扎在鲁尔工业区,并派出法国工程师前去强行采煤。与此同时,德国政府宣称法国已经违反《凡尔赛和约》。德国与法国损失巨大:法国必须承担巨额贷款用于支付占领鲁尔的军队开支,而德国因失去了鲁尔更加捉襟见肘。

1923年夏季照会 1923年6月7日,在高瞻远瞩的英国政治家乔治·纳撒尼尔·寇松的斡旋下,德国政府向协约国递送了一份备忘录,提供了修订后的赔偿范围。为了顺利完成赔偿,德国甚至同意以国家铁路与私人工厂的收入作为抵押。英国政府认为,德国至少提供了可供双方协商的基本条件。然而,法国政府再次拒绝了德国请求。

法国政府认为,1921年5月的"伦敦计划"应当重新修订。面对英国政府的质疑,法国政府将对德国的要求归纳为两点:第一,德国政府必须撤销在鲁尔工业区发布的"消极抵抗"命令;第二,无论德国应当支付的赔款总额为多少,法国应获赔款数额为十三亿英镑。此外,德国要代法国偿还欠英国与美国的所有战争债务,除非战争债务被免除。

对此,英国政府在1923年8月11日的一次照会中指出:"法国第二点要求超出了现有协议框架下应得赔偿份额的三倍至四倍。"1923年8月20日,法国对此以长篇照会进行了回复:"与法国重建遭到受战争破坏地区的开支相比,法国向德国要求的赔偿总额远远不够。同时,法国未将合理索取的抚恤金计算在内。"关于鲁尔工业区,法国在照会中说明:"一旦鲁尔工业区停止抵制活动,我国会逐渐改变占领区性质,保证听从协约国意见,监管好鲁尔工业区。不过,我国绝不会因德国的新承诺而从鲁尔撤军。这是我国应得的赔偿。"

欧洲的创伤 英国政府只是有所顾虑,认为赔偿问题应该根据德国实际能力来解决。因此,英国首相斯坦利·鲍德温爵士说,欧洲创伤本应愈合。然而,法国与德国的"消极"争斗无异于将愈合的伤口再次撕开。

乔治·纳撒尼尔·寇松

斯坦利·鲍德温爵士

与此同时，德国向鲁尔工业区的工人付钱，支持工人停工。此举实属自杀式行为。1923年9月，德国政府每周支付给鲁尔矿区工人的津贴高达三千五百万亿马克，足以支付一大笔赔款。1923年9月最后一周，德国总理古斯塔夫·施特雷泽曼果断做出决定，抵制极端主义思想，结束鲁尔工业区的消极抵抗行动。

第 12 章

法西斯主义与国际联盟

会议外交 世界大战结束后初期的局势比拿破仑战争结束后初期的形势更加动荡。1919年至1923年，许多高级政治家会议在欧洲召开（其中一次重要会议在美国召开）。1919年至1923年战后时期，与1815年至1822年的战后时期极其相似，见证了欧洲各国政府的尝试——会议外交。

世界大战波及面广，许多国家卷入，造成大量人员伤亡。因此，战争结果根本不可能令所有人心满意足，尤其是意大利人和南斯拉夫人之间的冲突很难协调。

《亚德里亚海条约》 意大利参战目的在于实现夙愿，夺回所有"沦陷区"。1915年4月26日，英国、法国、俄国、意大利秘密签订了《伦敦条约》。《伦敦条约》承诺意大利战后将获得特伦特与的里雅斯特及除阜姆以外的达尔马提亚沿岸地区。阜姆将归塞尔维亚。1915年5月，协约国陷入了困境。这时，正是根据《伦敦条约》（又称《亚得里亚海条约》），意大利信守诺言，义无反顾地投入战争。

《罗马协定》 《伦敦条约》的内容渐渐浮出水面。世界大战最后两年，《伦敦条约》的内容已经广为人知。得知达尔马提亚将归意大利，南斯拉夫人愤愤不平。因为一旦摆脱奥匈帝国的统治，南斯拉夫人想要并入"大塞尔维亚王国"，即塞尔维亚-克罗地亚-斯洛文尼亚王国。1918年4月，塞尔维亚政要与意大利政要在罗马召开会议,从而产生了《罗马协定》。根据《罗马协定》,双方同意以和平方式解决争端。《罗马协定》让奥匈帝国统治下的南斯拉夫人振奋不已,最终促成了南斯拉夫人摆脱了奥匈帝国的统治。

当和平会议在巴黎召开时,人们发现,调解意大利人与南斯拉夫人之间的争端,绝非易事。意大利政府要求兑现1915年4月26日《伦敦条约》的承诺,因为这是意大利同意参战的条件。南斯拉夫人坚决反对将达尔马提亚割让给意大利,这获美国总统托马斯·伍德罗·威尔逊公开支持。达尔马提亚主要居民为南斯拉夫人。如果这里的南斯拉夫人受意大利统治,不仅有悖于"十四点和平原则"精神与内容,而且与协约国坚持的所有原则背道而驰。

加布里埃尔·邓南遮与阜姆　有时,塞尔维亚与意大利之间的争吵激烈,战争一触即发。其实,民族之间的矛盾不应该指责两国政府。世界大战结束后,意大利首相维托里奥·埃曼努尔·奥兰多辞职,1919年6月弗朗西斯

维托里奥·埃曼努尔·奥兰多

弗朗西斯科·尼蒂

科·尼蒂继任首相。弗朗西斯科·尼蒂属于温和派，不喜欢惹是生非。然而，对阜姆港与达尔马提亚归属问题，意大利民众不依不饶。1919年9月12日，意大利著名诗人、小说家加布里埃尔·邓南遮率领狂热分子夺取了阜姆港。加布里埃尔·邓南遮像法国著名飞行员乔治·吉内梅一样，曾在世界大战中赢得"英雄飞行员"的荣誉称号。接下来的十五个月，加布里埃尔·邓南遮率领狂热分子一直占据阜姆这座港口城市。意大利狂热分子与外国冒险分子纷纷表示支持加布里埃·邓南遮，公开与欧洲其他国家对抗。意大利政府因为忌惮人民的力量，既不希望与加布里埃尔·邓南遮闹僵，也不敢对加布里埃尔·邓南遮动手。塞尔维亚政府则表现得极其克制，强行压制国人的怒火，避免了不必要的战争。

《拉帕洛条约》 1920年5月,意大利首相弗朗西斯科·尼蒂下台。资深政治家乔瓦尼·乔利蒂继任首相。虽然乔瓦尼·乔利蒂缺乏决策能力,但十分善长协调各方的利益。1920年11月12日,乔瓦尼·乔利蒂与塞尔维亚代表签订了《拉帕洛条约》。双方均放弃了部分利益。除了扎拉(此地将归意大利),意大利承认塞尔维亚对达尔马提亚拥有主权。塞尔维亚同样摆出和解姿态,同意阜姆成为独立城邦,主权不属任何一方。

然而,只要加布里埃尔·邓南遮的影响力还在,不安于现状的意大利人就不会喜欢《拉帕洛条约》。两个月后,乔瓦尼·乔利蒂通过强制手段让国人接

加布里埃尔·邓南遮

贝尼托·墨索里尼

受了《拉帕洛条约》。最终,面对意大利政府派出的强大兵力,1921年1月加布里埃尔·邓南遮不得不逃离繁华的商业港城阜姆,他的黄粱美梦随之破灭。于是,《拉帕洛条约》正式生效。意大利政府成功改善了亚得里亚海地区混乱的局势。此后,加布里埃尔·邓南遮一直在阿布鲁齐山区的佩斯卡拉过着隐居生活。1923年8月,在贝尼托·墨索里尼引荐下,加布里埃尔·邓南遮重返政坛。

意大利北部的工人罢工　《拉帕洛条约》签订及阜姆问题的和平解决提高了意大利的国际声望。不过,意大利国内依然问题重重。从世界大战结束到1922年仲夏,意大利每年都会发生具有政治色彩的严重罢工事件。在应对罢工事件方面，意大利首相弗朗西斯科·尼蒂一向从容自若。弗朗西斯科·尼蒂下台后，乔瓦尼·乔利蒂内阁遭遇了更严重的罢工事件。1920年下半年，伦巴第和皮埃蒙特几家大工厂相继被工人夺取。他们宣称从工人利益出发管理工厂。乔瓦尼·乔利蒂按兵不动，等待事实证明工人无法经营工厂，更不可能立足于世界贸易。事实上，几星期之后，工人便将工厂重新归还工厂主。除了个别不稳定因素，一切回归正常。或许正是因为乔瓦尼·乔利蒂能够静观其变，才避免了内战与革命。

法西斯主义 共产主义者大张旗鼓地制造声势。意大利政府对于共产主义宣传，甚至共产主义行动，却无动于衷。于是，很多人开始感到恐慌。面对极端社会主义分子的冷嘲热讽，参加过世界大战的年轻人愤愤不平。据说，身着军服的士兵经常遭受辱骂与虐待。意大利政府一直入不敷出。尽管弗朗西斯科·尼蒂和乔瓦尼·乔利蒂两届内阁一直在缩减开支，但大量闲散官员依然占据公职。里拉持续贬值，国家贸易与政府管理危如累卵。一些人对现存法律制度及财产制度坚信不疑，并且断言：必须团结救国。必要时，不惜使用武力。这些人被称为"法西斯党"。

贝尼托·墨索里尼 法西斯党或法西斯主义者因一群（"法西斯"一词的原意即"一捆"）议会议员而得名。在世界大战期间的卡波雷托战役中，意大利军队惨败。然而，一群议员联合起来，主张坚持战斗到底。他们与和平主义者或失败主义者针锋相对。世界大战结束后，他们依然蠢蠢欲动，在全国各地逐渐建立起法西斯俱乐部。法西斯俱乐部成员统一身穿黑衫。黑衫原本是意大利充满活力的年轻人踢足球时所穿，足球是时下流行的体育运动。然而，身着黑衫的法西斯党不是在足球俱乐部而是在军事机构内进行训练。每个法西斯俱乐部成员都知道如何用枪，并且许多人持有武器。因此，法西斯党拥有一支非常强大的武装力量。法西斯党的领袖是贝尼托·墨索里尼。世界大战爆发前，贝尼托·墨索里尼是温和社会党成员。贝尼托·墨索里尼参加了世界大战，并在战争中负伤。现在的贝尼托·墨索里尼很像奥利弗·克伦威尔，已经步入了新的思想境界。贝尼托·墨索里尼认为,必须充分发挥军队的价值,镇压祸国殃民的"平等派"。

法西斯政变 1922年10月27日,意大利大小城镇同时发生了有预谋的叛乱。许多地方政府里的社会党或共产主义者遭驱逐。市政厅、水厂、电厂和铁路均被法西斯党掌握。法西斯党取代中央官员与地方官员控制了各公共部门。

维克多·伊曼纽尔三世 当时,法西斯政变仅仅是一场革命,没有演变为内战。法西斯主义还未遭到全民抵制。首相路易吉·法克塔不可能纵容民间团体夺权。路易吉·法克塔发布了"戒严令"。为了能够调动军队,路易吉·法克塔向国王维克多·伊曼纽尔三世提交了一份法案,等待维克多·伊曼纽尔三世签字批准。摆在维克多·伊曼纽尔三世面前的是无比艰巨的责任。作为立宪政体下的君主,维克多·伊曼纽尔三世应接受内阁提议,由内阁担负起重任。然而,

路易吉·法克塔

第12章 法西斯主义与国际联盟 | 287

一旦维克多·伊曼纽尔三世签署了法案，必然引发内战，整个国家将四分五裂。国王维克多·伊曼纽尔三世最终拒绝签字。结果，内阁集体辞职。随后，维克多·伊曼纽尔三世便任命法西斯党首贝尼托·墨索里尼为首相。

贝尼托·墨索里尼随即组建了新内阁。贝尼托·墨索里尼实行紧缩政策，并遵守国际公约，很快在整个欧洲赢得了赞誉。大权在握的贝尼托·墨索里尼才能兼备，使意大利成为具有国际影响力的国家。因此，贝尼托·墨索里尼像奥利弗·克伦威尔一样，"海外影响力超过了国内影响力"。然而，贝尼托·墨索里尼与奥利弗·克伦威尔又有所不同，因为在他之上还有意大利国王。1923年，这位法西斯独裁者只不过是君主立宪制政体下为国王工作的一名普通首相而已。

希土战争 正当法西斯主义在意大利扩大影响时，地中海东部上演了一场悲剧。这场悲剧是希腊与土耳其斗争的一段漫长插曲。

《色佛尔条约》 1920年8月10日，《色佛尔条约》把土耳其的欧洲领土缩减至君士坦丁堡、马尔马拉海北岸及加里波利半岛。博斯普鲁斯海峡与达达尼尔海峡成为自由中立地带。中立地带的战略要地是达达尼尔海峡欧洲一侧的盖利博卢和亚洲一侧的恰纳卡莱。根据1918年10月30日土耳其与协约国签订的《蒙德罗斯停战协定》，中立地带就已经存在，由协约国军队占领。君士坦丁堡由协约国军队代管，直到和平条约最终签订。

安哥拉政府 在君士坦丁堡，苏丹穆罕默德六世与土耳其内阁已经同意配合协约国行动。长期处于战争状态的土耳其即将崩溃。士兵拿不到军饷，身心俱疲的土耳其人民已经绝望，准备接受任何条款。只有强硬的土耳其民族主义者拒绝接受协约国条款。土耳其民族主义者不承认君士坦丁堡政府，来到安达托利亚的安哥拉，建立起"大国民议会"，并声称：只有"大国民议会"才是土耳其唯一合法政府。大国民议会及内阁中最具影响力的领导人物是穆斯塔法·凯末尔。1915年，在保卫加里波利半岛的战役中，穆斯塔法·凯末尔名震一时。他是一位文韬武略的政治家。

苏丹穆罕默德六世

希腊的任务 协约国将强制执行《色佛尔条约》涉及欧洲领土的条款。协约国已经控制了中立地带和君士坦丁堡。希腊政府不费吹灰之力便能占领阿德里安堡与色雷斯其他地区,因为《色佛尔条约》明确规定这些地方将并入希腊。

然而,小亚细亚是另一番景象。小亚细亚乡村地区不仅山多路少,而且人烟稀少,一片荒凉。根据《色佛尔条约》,士麦那归希腊管辖。既然希腊属于受益方,自然要强制执行《色佛尔条约》。1920年,希腊大军抵达士麦那,然后占领了整个士麦那省。

康斯坦丁一世　然而，不久，灾难便降临希腊。雅典发生多起袭击协约国海员事件。1917年6月11日，在协约国逼迫下，希腊国王康斯坦丁一世被迫退位。康斯坦丁一世的次子亚历山大继位，史称"亚历山大一世"。康斯坦丁一世统治时，埃莱夫塞里奥斯·韦尼泽洛斯曾被迫辞职。现在，他再次出任首相。聪明的埃莱夫塞里奥斯·韦尼泽洛斯不愧为欧洲政坛最有远见的政治家

希腊国王康斯坦丁一世

亚历山大一世

之一。他维护着希腊与协约国之间的良好关系。于是，协约国给予希腊在精神上、物质上有力的支持。

然而，1920年10月25日，亚历山大一世突然驾崩。这时，退位后一直住在瑞士的康斯坦丁一世返回希腊，受到希腊人民的热烈欢迎。协约国自然不愿看到康斯坦丁一世复位。不过，协约国碍于情面，无法在希腊人民欢迎老国王回国时，阻止他复位。康斯坦丁一世复位后，埃莱夫塞里奥斯·韦尼泽洛斯不可能继续担任首相，因为当年正是埃莱夫塞里奥斯·韦尼泽洛斯一手促成康斯坦丁一世退位，而且他与康斯坦丁一世一向政见不合。

第 12 章 法西斯主义与国际联盟 | 291

希腊军队进攻受阻 康斯坦丁一世是一位精明能干的军人。复位之后,他采取了"主动出击"政策。希腊军队从士麦那省长驱直入小亚细亚腹地,眼看就要攻入安哥拉了。然而,自从1912年以来,小战不断的希腊人民再也经受不起长时间的消耗。大规模现代战争十分耗费人力与物力。经济实力不强的希腊无法承受战争压力。与此同时,在穆斯塔法·凯末尔领导下,土耳其军队战斗力的恢复速度惊人。1921年夏,希腊军队沿小亚细亚的萨卡里卡河发动了大规模进攻,但被土耳其军队击溃。

穆斯塔法·凯末尔

库塔哈埃斯克塞尔战场上的希腊骑兵

1922年上半年,小亚细亚前线战事看似陷入僵局。实际上,希腊一直消耗着人力与物力,尽管情况并不严重。相比之下,土耳其军队士气高涨,加上有俄国供应军火,实力大增。

希腊溃败 1922年8月26日,希腊遭遇致命打击。穆斯塔法·凯末尔在库塔哈埃斯克塞尔对希腊军队发起猛攻。随后三天,进攻全线展开。希腊军团节节败退。1922年8月30日前,土耳其军队一直在追击希腊军队,直到希腊军队彻底溃败。随后历史上一场骇人的悲剧发生了。一支希腊军队被逼至小亚细亚的港口。随之而来的还有成千上万的基督教家庭,他们一无所有,饥寒交迫,万分恐慌,不知所措。士麦那四处充斥着难民。每天都有成千上万人——希腊人、英国人、美国人、法国人和意大利人——乘船逃往希腊。希腊军队损失惨重,残部返回了希腊。

希腊处决事件 随着"大希腊"梦想破灭,康斯坦丁一世的王位岌岌可危。1922年9月28日,康斯坦丁一世第二次宣布退位,一艘英国军舰将其安全带离希腊。康斯坦丁一世长子乔治继位,史称"乔治二世"。新国王继位不久,便发生了一场血腥的恐怖事件。希腊军中几名上校愤愤不平,认为战争部决策失误,煽动起民众的不满情绪。他们认为,因为国家背叛人民,所以灾难才会降临。当康斯坦丁一世被迫退位时,季米特里奥斯·古纳里斯内阁也倒台了,由军队"三

乔治二世

巨头"取而代之。希腊小亚细亚军队总司令乔治斯·哈泽亚尼斯提斯及前首相季米特里奥斯·古纳里斯受到军事法庭审判,受到指控的罪名为:明知必然失败,仍然误导民众,导致国家灾难。希腊政府声称这次政治色彩浓厚的审判十分公正。审判过后,五名前部长(包括首相季米特里奥斯·古纳里斯)及小亚细亚军队总司令乔治斯·哈泽亚尼斯提斯罪名成立,1922年11月28日被枪决。

查纳克危机 在希土战争中,土耳其军队接连获胜。1922年9月14日,土耳其军队进入士麦那。士麦那燃起了熊熊大火,很快大半个城市便化为灰烬。土耳其的一支部队因打了胜仗而得意洋洋,陶醉于成功的喜悦之中,一路向达达尼尔海峡进发,1922年9月24日进入了中立地区查纳克。查纳克有数千名欧洲士兵。他们作为西方文明代表,捍卫着国际法。得意忘形的土耳其军队目中无人,甚至打算挑战欧洲秩序。世界再次面临战争的威胁。一旦查纳克的欧洲部队被迫撤退,西欧各国必将信誉扫地。土耳其军队如潮水般涌入查纳克时,必将与君士坦丁堡的民众遥相呼应。这样一来,土耳其军队入侵欧洲的可怕历史将重现,屠杀、战争与饥荒必定会接踵而来。

英国的决定 然而,如果欧洲部队坚决抵抗,必然会动用枪炮,战争同样不可避免。谁又能预见到最终结果呢?欧洲各国政府面临艰难抉择。此时,世界命运掌握在两位政治家——法国总理雷蒙·普恩加莱和英国首相大卫·劳合·乔治——手中。法国总理雷蒙·普恩加莱做出了"空前绝后之举"——将法军从查纳克撤出。英国首相大卫·劳合·乔治一边命令英国部队坚守待援,一边派出一支两万人的援军。此时,小亚细亚还有一位政治家穆斯塔法·凯末尔——土耳其胜利之师的统帅。穆斯塔法·凯末尔也必须做出决定:要么使土耳其的胜利之师停止前进的步伐;要么挑战西欧在达达尼尔海峡建立秩序的代表——英国。穆斯塔法·凯末尔最终选择阻止土耳其军队行动,取得了比阿菲乌姆-卡拉希萨尔战役与加里波利半岛战役更伟大的胜利。穆斯塔法·凯末尔守住了国际法尊严,令整个欧洲心服口服。最后关键时刻,果敢的英国政府为风雨飘摇的世界带来了风平浪静。

苏丹统治的终结 1922年9月最后一周直至1922年10月上旬,近东战争一触即发。一旦政治形势恶化,军队警戒哨的枪声极有可能引发战争。远在安哥拉的大国民议会一直关注着前线军队的动态。土耳其军队接连获胜令大国民议会夜郎自大。君士坦丁堡的民众蠢蠢欲动,准备反抗来自基督世界的守城部队。苏丹穆罕默德六世乘坐英国军舰逃往马耳他。安哥拉大国民议会立穆罕默德六世的堂弟阿卜杜勒·迈吉德为哈里发,却一直将苏丹的位子空置。

查尔斯·哈林顿将军 驻君士坦丁堡英军总司令查尔斯·哈林顿将军在承担军事职责之外,还必须施展高超的外交手段。1922年10月11日,查尔斯·哈林

查尔斯·哈林顿

顿与穆斯塔法·凯末尔就《穆达尼亚停战协定》达成一致意见。根据《穆达尼亚停战协定》，一旦十五天后希腊军队从色雷斯撤退，土耳其军队将不再向前推进，而最终条款将在和平会议上确定。

洛桑会议 和平会议在瑞士洛桑举行，分两个阶段进行。第一阶段始于1922年11月20日，一直持续到1923年。在此期间，会议由英国外交大臣乔治·纳撒尼尔·寇松主持。法国代表、意大利代表、希腊代表和土耳其代表出席会议。第二阶段始于1923年4月。会议由英国驻君士坦丁堡大使霍勒斯·朗博尔德

霍勒斯·朗博尔德

伊斯麦特·伊诺努

主持。在洛桑会议的两个阶段,土耳其主要代表是伊斯麦特·伊诺努。这场谈判拖延了很久。战争不止一次似乎一触即发。1923年5月月底,一方面,希腊军队声称要跨过马里查河,攻打色雷斯的土耳其军队;另一方面,希腊政府表示同意割让阿德里安堡(按照之前答应的条件),并答应将位于马里查河希腊一侧的卡拉加奇火车站割让给土耳其。就此,希腊与土耳其化干戈为玉帛。洛桑会议最终成功落下帷幕。

《洛桑条约》　《洛桑条约》签订于1923年7月24日。《洛桑条约》确定土耳其在欧洲的领土包括阿德里安堡和卡拉加奇,直到马里查河。小亚细亚的士麦那省依然归土耳其。协约国同意从君士坦丁堡撤军。《色佛尔条约》(保护土耳其的外国人及其特权的特殊规定)被废止。因此,除一项规定以外,土耳其彻底从各种国际制约和"奴役"中解脱出来。这项规定涉及达达尼尔海峡和博斯普鲁斯海峡。协约国将与土耳其一起通过海峡管理委员会共同管理达达尼尔海峡和博斯普鲁斯海峡。

土耳其是《洛桑条约》最大受益者。1918年第一次世界大战结束时,土耳其曾被打得一败涂地。全世界的穆斯林纷纷称赞《洛桑条约》是土耳其取得的最大胜利。阿加汗三世曾在书中写道:"在土耳其历史上,《洛桑条约》可谓开历史之先河,充分体现了土耳其与西欧列强的地位是平等的。"

协约国从君士坦丁堡撤军时间为1923年8月25日至8月30日,英军总司令查尔斯·哈林顿率领英军撤离君士坦丁堡。几乎同一时间,法军与意大利军队也撤离了君士坦丁堡。

阿加汗三世

美国与欧洲　然而，1919年至1923年的战后状况与人们在战争期间的期待大相径庭。在一次著名的政治演讲中，德国历史学家海因里希·冯·特赖奇克曾说："欧洲依然是整个世界核心，全世界对此了然于心。"海因里希·冯·特赖奇克的这番话恰好与1919年至1923年的这段历史不谋而合。在战争的最后几年及召开和平会议时期，人们曾经希望美国能够与欧洲强国共同致力于国际事务，并且托马斯·伍德罗·威尔逊总统确实努力而为之。然而，不幸的是，阻止美国参与欧洲事务的旧势力太过强大。美国国会因此拒绝加入国际联盟。尽

海因里希·冯·特赖奇克

管如此，美国依然积极投身于欧洲的赈灾事业，为奥地利、马其顿、俄国等遭受饥荒威胁的国家提供救援物资，充分体现了无私的人道主义精神。

中华民国 在太平洋地区，美国不仅与欧洲携手合作，而且起到了主导作用。1911年以来，大清帝国已经濒临灭亡。很快，皇室被推翻。中国仿照西方建立了民主立宪政体，设立了总统、内阁及议会。

新政体破坏了中国人平静的生活。曾经有几千中国人在英国和美国留学，接受了高等教育。他们完全能够运作民主立宪制。然而，对三亿五千万中国人来说，民主政府不合时宜。人们习惯已久的旧官僚消失了，取而代之的是烧杀抢掠、无恶不作的各派军阀其豢养的军队。人民的生活苦不堪言。

混乱与秩序 在中国，虽然绝大多数内陆省份充斥着暴力和压迫，但港口城镇因欧洲战舰的存在而相对安宁。中国海关控制在欧洲人手中（中国海关总税务司司长是英国人）。在兵荒马乱之下，中国海关依然创造出几百万英镑的关税收入，充分证明了中国的地大物博。正是依靠海关收入，北平中央政府才得以维系并偿还债务。

法国政治派系与政党 世界大战结束后的四年时间里，欧洲依然困难重重。正如意大利首相弗朗西斯科·尼蒂在一本书中形容的那样，欧洲依然"不太平"。鲁尔问题是亟待解决的难题。欧洲的命运取决于法国与德国。谈及当代欧洲历史，法国政治必定是着墨最多、最引人瞩目的部分。1914年世界大战打响以来，法国政治的脉络十分清晰。法兰西第三共和国时期，主导法国政坛的是诸多政治派系而非组织严密的政党。不过，随着世界大战的到来，法国面临亡国的危机。各政治派系团结一致组成了类似"党派体系"的组织。世界大战结束后，法国党派体系依然处于发展阶段。也就是说，当英国政党分裂成各个政治派系时，法国政治派系正在逐渐形成不同的政党。

法国右翼 1914年以来，法国主要党派首先是右翼，之所以称之为"右翼"，是因为该派议员在下议院和参议院的座位居右。右翼是保王党。他们一面循规蹈矩，一面公开宣称：更倾向于由君主立宪制取代共和制。右翼首领是莱昂·都德，著名小说家阿尔丰斯·都德的儿子。右翼刊物是《法兰西行动》。右翼成员主要来自朗格多克、旺代和布列塔尼。他们以"国王的卡美洛"自居。

法国中间党派　法国前总统弗朗索瓦·菲利·福尔和前总理亚历山大·里博都属于中间派。中间党派还融合了自由主义党派，形成了一个政党，被称作"民主共和联盟"。出自该党的著名人物有法国财政部部长盖伊·德·拉斯泰里和爱德华·德·卡斯泰诺将军。

法国左翼　左翼是党派联盟，被称作"左翼共和党"。皮埃尔·瓦尔德克-卢梭和泰奥菲勒·德尔卡斯曾经是左翼共和党。著名的左翼共和党首领是夏

爱德华·德·卡斯泰诺将军

泰奥菲勒·德尔卡斯

尔·若纳尔。目前，左翼党派成员还有莫里斯·巴雷、著名政治家雷蒙·普恩加莱、亚历山大·米勒兰以及阿里斯蒂德·白里安。安德烈·塔迪厄也是左翼党派。还有一些像傅安德一样颇有前途的小政治家加入左翼党派。

法国民族集团 随着世界大战爆发，法国中间党派与左翼联合，共同组成民族集团。民族集团虽然不是一个有组织的政党，但至少能主宰参议院与众议院。

法国激进社会党 除了左翼党派，法国还有激进社会党。世界大战爆发前，激进社会党的党首是约瑟夫·卡约。约瑟夫·卡约本人因战争期间的个人行为，被剥夺政治权利十年。不过，他依然是激进社会党的幕后领袖。在议会

莫里斯·巴雷

亚历山大·米勒兰

安德烈·塔迪厄

约瑟夫·卡约

中，激进社会党的领袖是年轻有为的爱德华·赫里欧。激进社会党派虽然支持雷蒙·普恩加莱的"鲁尔政策"，但一直倾向于通过经济手段而非军事手段解决德国赔款问题。从Socialist这个单词的英文意义来看，激进社会党几乎不是社会主义者。他们主张保护私有财产与实行有限自由贸易的制度。

法国社会主义党派 法国社会主义党派的真正领袖是让·饶勒斯。不幸的是，世界大战爆发初期，让·饶勒斯遇刺身亡。社会主义党派的极端分子是共产主义者。不过，议会中的共产主义者寥寥无几。社会主义党派中的温和派领袖是律师约瑟夫·保罗-邦库尔。

让·饶勒斯遇刺

迄今为止，在法国政治生活中，稳定的政党体系还未形成。维系党派内部团结的纽带是人，不是制度。毫无疑问，法国政坛异常活跃，绝不存在漠视政治的现象。

华盛顿会议 与近东土耳其问题一样迫在眉睫的是远东中国问题。中国问题已经存在了一百年，亟需公平解决。中国的军阀混战不仅会导致亚洲秩序混乱，而且很有可能引发欧洲列强瓜分中国的战争。为了阻止这场灾难，美国总统沃伦·G.哈定及国务卿查尔斯·埃文斯·休斯邀请欧洲列强与中国和日本，参加华盛顿会议。华盛顿会议在1921年到1922年的冬季举行。与会列强均同意维护太平洋地区的和平，协调在中国的利益。1921年12月13日及1922年2月6日，列强要求根据统一标准限制各国海军舰队的吨位，如英国舰队和美国舰队的排水量上限都是五十二万五千吨。日本舰队的排水量上限是三十一万五千吨。法国舰队与意大利舰队的排水量都是十七万五千吨。最终，欧洲列强虽然未能就限制陆军军备达成一致意见，但列强就限制海军军备达成了共识。

华盛顿会议已经证明，世界文明国家在一定程度上休戚与共。在国际联盟协助下，各国共同努力重建走向衰落的奥地利，彰显了团结的力量。

奥地利的悲惨下场 曾经辉煌的哈布斯堡帝国，如今变成了内陆共和国。奥地利不仅领土锐减，而且战后三年经济每况愈下。生活在乡村地区的奥地利人，像施蒂利亚人与蒂罗尔人，可以依靠土地生存。不过，他们没有充足的农产品进行贸易。奥地利首都维也纳拥有两百万人口，曾是许多民族向往的大都市。如今，维也纳已经成为奥地利的沉重负担。三年来，奥地利中产阶级的净收入几乎为零，完全依靠国外慈善机构的救济粮。救济粮主要来自意大利、法国、英国和美国。人类从未见证过这种景象：刚刚从一场残酷战争走出的奥地利人民，收到了曾经不共戴天的敌人及时提供的援助物资。

请求国际联盟帮助 然而，奥地利不能一直依靠其他国家的援助，因为其他国家的处境也很窘迫。奥地利必须自力更生，否则迟早会走向崩溃。1922年8月，奥地利政府在绝望中对外求援。英国政府已经向奥地利提供了一千二百万英镑的援助，但未能缓解奥地利的窘境，无力继续帮助奥地利了。此时，英国政府不得不解决国内一百多万失业工人的问题。英国首相大卫·劳合·乔治对自己的超长任期即将结束并不知情，实施了最后几项举措。其中一项措施是将奥地利问题提交国际联盟。

奥地利重建 只有秉承公正的态度，才能最终解决奥地利问题。显然，国际联盟最适合承担这项工作。世界著名金融专家组成了国际联盟代表委员会。在全面评估奥地利问题后，国际联盟代表委员会制订了计划，并得到欧洲列强全票通过。奥地利勉强接受了该计划。计划包括三方面内容：第一，为奥地利从国外选一名独立金融监督员；第二，大量裁减奥地利公务员；第三，向奥地利发放国际贷款，直到1925年年底奥地利财政实现收支平衡为止。

国际贷款 奥地利政府与议会同意接受上述条件。经验丰富的荷兰鹿特丹市市长齐默尔曼被任命为金融监督员。奥地利共和国虽小，但公务员数量几乎与战前哈布斯堡帝国时期一样多。因此奥地利公务员分批裁减，一次一万人。被裁者将获得充足的补贴，能够在国内外开始新的职业生涯。贷款分别由法国、意大利、英国、荷兰、西班牙、瑞士和斯堪的纳维亚半岛国家提供。虽然贷款来自各国公民，但各国政府将分担部分贷款利息。

政治家与公民职责 国际联盟提出了重建奥地利的计划，由西北欧主要国家于1923年开始实施。这项计划属于国际合作。如果欧洲国家承认，作为文明世界的成员，各国同属有共同理想与道德的民族大家庭，那么，欧洲内部战争将永远成为历史。如果欧洲国家及主宰世界的强国承认同属利益共同体，备受困扰的人类将真正拥有幸福的未来。不辞劳苦的真正政治家最终将收获胜利的果实。在人类解决国家内部和平的基础之上，未来的政治家、国际律师和知识分子要解决的问题将是维护和平、友好的国际关系。

大事年表

1870年9月4日　法兰西第二帝国灭亡

1871年　德国颁布宪法

1875年　法兰西第三共和国颁布宪法

1878年　德国保护关税制度

　　　　罗马教皇庇护九世去世

　　　　柏林会议召开

1879年　德国与奥匈帝国结盟

1880年　达尔奇诺事件

　　　　土耳其割让色萨利

1881年　法国莱昂·甘必大内阁产生

1882年　三国同盟

1883年　德国出台《疾病保险法》

1885年　列强瓜分非洲柏林会议召开

　　　　法国保护关税的制度

　　　　东鲁米利亚并入保加利亚

1886年　斯利夫尼察战役

1887年　科堡的斐迪南成为保加利亚大公

　　　　《再保险条约》

1888年　德皇威廉二世登基
1890年　奥托·冯·俾斯麦辞职
1894年　法俄同盟形成
1896年　阿杜瓦战役
　　　　希土战争
1897年　阿尔弗雷德·冯·提尔皮茨担任德国海军大臣
1898年　"德雷福斯案"
　　　　美西战争
　　　　征服苏丹
1899年　第一次海牙会议
1902年　英日同盟形成
1903年　塞尔维亚国王亚历山大一世遇刺身亡
　　　　"米尔茨施泰格计划"
1904年　俄日战争
　　　　英法协约形成
1905年　瑞典-挪威联盟解体
　　　　德皇威廉二世访问丹吉尔
1906年　伯恩哈德·德恩堡博士任德国外交部殖民司司长
　　　　阿尔赫西拉斯会议召开
1907年　第二次海牙会议召开
　　　　英法俄三国协约形成
1908年　土耳其革命爆发
　　　　奥匈帝国吞并波斯尼亚与黑塞哥维那
1909年　亚美尼亚大屠杀
1910年　葡萄牙革命
　　　　埃莱夫塞里奥斯·韦尼泽洛斯担任希腊总理
1911年　阿加迪尔危机
　　　　中国爆发辛亥革命

1912年　意土战争

　　　　第一次巴尔干战争

1913年　第二次巴尔干战争

1914年　萨拉热窝事件

　　　　7月23日奥匈帝国对塞尔维亚最后通牒

　　　　7月31日德国对俄国最后通牒

　　　　8月4日德军进攻比利时蒙斯

1914年　坦能堡战役

　　　　第一次马恩河战役

　　　　第一次伊普尔战役

　　　　伊瑟河战役

　　　　科罗内尔海战与福克兰群岛海战

1915年　新沙佩勒战役

　　　　第二次伊普尔战役

　　　　杜纳耶茨河战役

　　　　卢斯战役

　　　　加里波利半岛战役

　　　　萨洛尼卡战役

1916年　凡尔登战役

　　　　日德兰海战

　　　　第一次索姆河战役

1917年　俄国革命

　　　　美国宣战

　　　　法国兵变

　　　　第三次伊普尔战役

　　　　卡波雷托战役

1918年　"十四点和平原则"

　　　　《布列斯特-立陶夫斯克和约》

　　　　第二次索姆河战役

　　　　第二次马恩河战役

　　　　维托里奥维内托战役

　　　　德国爆发革命与奥匈帝国解体

　　　　11月11日停战协定

1919年　巴黎和会

　　　　《凡尔赛和约》

　　　　魏玛议会

　　　　平定高尔察克叛乱

1920年　平定邓尼金叛乱

　　　　维斯瓦河战役

　　　　邓南遮与阜姆港

1921年　萨克森与鲁尔的斯巴达克主义者暴乱

　　　　上西里西亚公投

　　　　伦敦计划

　　　　阿鲁伊战役

1922年　瑞士为财产税进行公投

　　　　华盛顿会议

　　　　意大利法西斯发动政变

　　　　希腊军队在小亚细亚溃败

　　　　查纳克危机

1923年　法军占领鲁尔

　　　　《洛桑条约》

　　　　德国皇太子威廉回国

参考文献

P.阿尔宾：《1815年以来的重大政治决策》

A.德比杜尔：《柏林会议后的欧洲外交史》

H.A.吉本斯：《世界政治概论》

W.E.霍尔：《国际法》

J.A.R.马里奥特：《欧洲及其他地区：1870—1920》

罗伯特·巴尔曼·莫厄特：《欧洲外交史：1815年至1914年》

J.H.罗斯：《欧洲国家的发展：1870—1914》

恩斯特·萨道义：《外交惯例》

奥托·冯·俾斯麦：《思考与回忆》

W.H.道森：《现代德国的演变》

C.格兰特·罗伯森：《俾斯麦》

A.W.沃德：《德国：1818—1890年》

J.E.C.博德利：《法国》

E.布儒瓦：《现代法国》

G.阿诺托：《当代法国》

恩斯特·拉维斯：《法国大革命后的当代史》

M.派利罗格：《沙皇俄国》

阿尔弗雷德·尼古拉·朗博：《俄国史》

H.W.斯蒂德：《哈布斯堡王朝》

威廉·厄克斯勒：《瑞士史：1499—1914》

P.J.勃洛克：《荷兰人民史》

T.奥克利：《今日意大利》

M.A.S.休谟：《现代西班牙：1788—1898》

W.米勒：《奥斯曼帝国继业者》

J.布莱斯：《美利坚联邦》

A.B.哈特：《新美国史》

约翰·巴肯：《世界大战史》

温斯顿·斯宾塞·丘吉尔：《世界危机》

C.R.L.弗莱彻：《世界大战》

A.F.波拉德：《世界大战简史》

《泰晤士战争史》

译名对照表

Otto von Bismarck	奥托·冯·俾斯麦
Policy of Strong Protection	强力贸易保护政策
Liberal Party	德国自由党
Conservatives	保守党
Liberals	自由党
Socialists	社会民主党
Responsible Government	责任政府制
Frankfort Parliament	法兰克福国民议会
Spartacists	斯巴达克主义者
Bolsheviks	布尔什维克
British Labour Party	英国工党
British Liberals	英国自由党
Great Customs Law	《大海关法》
North Sea	北海
Baltic	波罗的海
Kiel Canal	基尔运河
Elms	埃姆斯河
Rhine	莱茵河
Sickness Insurance Bill	《疾病保险法》
Accident Insurance Bill	《意外事故保险法》
Old Age Pension Scheme	《退休金计划》
Hamburg	汉堡
Bremen	不来梅

German Colonial Association	德意志殖民协会
Hottentot Chiefs	霍屯督酋长
Angra Pequena	安哥拉佩克纳
Gustav Nachtigal	古斯塔夫·纳赫迪加尔
Cameroons	喀麦隆
New Guinea	新几内亚
Samoa	萨摩亚群岛
Berlin Conference	柏林会议
Niger River	尼日尔河
Norddeutscher Lloyd	北德劳埃德航运公司
Hamburg-Ameica Linie	汉堡美洲航运公司
Woermanns Linie	沃曼航运公司
William I	威廉一世
Friedrich Wilhelm Nikolaus Karl	腓特烈·威廉·尼克劳斯·卡尔
Fredrick III	腓特烈三世
William II	威廉二世
Johanna von Puttkamer	约翰娜·冯·帕特卡默
Herbert von Bismarck	赫伯特·冯·俾斯麦
Hohenzollern	霍亨索伦王朝
Imperial Government	帝国政府
Imperial Territory	帝国领土
Alsace-Lorraine	阿尔萨斯-洛林
Unitary State	单一制国家
Group System	党派制度
Party System	政党制度
British Parliament	英国议会
Conservative	保守党
British Cabinet	英国内阁
French Chamber of Deputies	法国众议院
Jules Grévy	儒勒·格雷维
Marie Francois Sadi Carnot	玛利·弗朗索瓦·萨迪·卡诺
Palais Bourbon	波旁宫

Palais Luxembourg	卢森堡宫
Senate	参议院
Léon Gambetta	莱昂·甘必大
Jules Armand Dufaure	朱尔·阿曼德·杜弗尔
Georges Clemenceau	乔治·克里孟梭
Raymond Poincaré	雷蒙德·普恩加莱
Leon Bourgeois	莱昂·布儒瓦
Gabriel Hanotaux	加布里埃尔·阿诺托
Life of Cardinal Richelieu	《枢机主教黎塞留传》
History of Contemporary France	《当代法国史》
Aristide Briand	阿里斯蒂德·白里安
Emile Franois Loubet	埃米勒·弗朗索瓦·卢贝
Francois Félix Faure	弗朗索瓦·菲利·福尔
Faubourg Saint-Germain	圣日耳曼郊区
Tours	图尔
Bordeaux	波尔多
Rouen	鲁昂
Committee of Public Safety	公共安全委员会
Louis Adolphe Thiers	路易·阿道夫·梯也尔
Patrice de MacMahon	帕特里斯·德·麦克马洪
Battle of Magenta	马真塔战役
Phylloxera	葡萄根瘤蚜
Jules Ferry	朱尔·费里
Toulouse	图卢兹
Lille	里尔
Seven Years War	七年战争
Charles X	查理十世
Louis Philippe I	路易·菲利普一世
Algiers	阿尔及尔
Walter Raleigh	沃尔特·雷利
Robert Clive	罗伯特·克莱夫
Pierre de Brazza	皮埃尔·德·布拉柴

Joseph Simon Gallieni	约瑟夫·西蒙·加利埃尼
Joseph Joffre	约瑟夫·霞飞
Timbuctoo	延巴图克
Jean Baptiste Marchand	让·巴普蒂斯特·马尔尚
Fashoda	法绍达
Herbert Kitchener	赫伯特·基奇纳
Henri Riviere	亨利·李威利
Tonkin	东京
Hanoi	河内
Bey of Tunis	突尼斯的贝伊
Treaty of Bardo	《巴杜尔条约》
Sudan	苏丹
Senegal	塞内加尔
Dahomey	达荷美
Exhibition	世界博览会
Boulanger Crisis	布朗热危机
Georges Ernest Boulanger	乔治斯·欧内斯特·布朗热
Brussels	布鲁塞尔
Lyons	里昂
Jean Casimir-Périer	让·卡西米尔-佩里埃
Dreyfus Case	德雷福斯案
Alfred Dreyfus	阿尔弗雷德·德雷福斯
Guiana	圭亚那
Emile Zola	埃米尔·左拉
Anatole France	阿纳托尔·法郎士
Joseph Reinach	约瑟夫·雷纳克
Jean-Marie Messier	让-玛利·梅西埃
Emile Zurlinden	埃米尔·苏林登
Pierre Waldeck-Rousseau	皮埃尔·瓦尔德克-卢梭
Minister of War	战争部
Leo Von Caprivi	列奥·冯·卡普里维
Silesia	西里西亚

Fredeick the Great	腓特烈大帝
Chlodwig Carl Viktor	克洛德维希·卡尔·维克托
Bernhard von Bülow	伯恩哈德·冯·比洛
Theobald von Bethmann-Hollweg	特奥巴尔德·冯·贝特曼－霍尔维格
General Staff	总参谋部
Essen	埃森
Ruhr	鲁尔
Grand Duke of Baden	巴登大公
Mannheim	曼海姆
Landlords' and Farmers' League	地主和农场主联盟
Colonial Society	殖民地协会
Navy League	海军联盟
Corps and Vereins	学生联合会
Trusts	托拉斯
Cartels	卡特尔
Badische Anilin und Soda Fabrik	巴顿苯胺碳酸钠工厂
Krupps	克虏伯公司
Northern Schleswig	北石勒苏益格
Posen	波兹南
Mulhausen	米卢斯
University of Strasbourg	斯特拉斯堡大学
Rene Bazin	勒内·巴赞
Les Oberles	《奥贝莱一家》
Zabern	察贝恩
Treaty of Prague	《布拉格条约》
Congress of Vienna	维也纳会议
Oliver Cromwell	奥利弗·克伦威尔
Radziwill	拉齐维乌
Heligoland	黑尔戈兰岛
Granville George Leveson-Gower	格兰维尔·乔治·莱韦森－高尔
Gibraltar	直布罗陀
Robert Gascoyne-Cecil	罗伯特·加斯科因－塞西尔

Zanzibar	桑吉巴尔
Uganda	乌干达
Treaty of Versailles	《凡尔赛和约》
Bernhard Dernburg	伯恩哈德·德恩堡
Herero Tribe	赫雷罗部落
Togoland	多哥兰
Cameroons	喀麦隆
Caroline Islands	加罗林群岛
Spanish-American War	美西战争
Samoan islands	萨摩亚群岛
Ulpolo	乌波卢岛
Savai	萨瓦伊岛
Albrecht von Stosch	阿尔布雷特·冯·施托施
Imperial Admiralty	海军大臣
Army Commissariat	军需部
Great Elector	"大帝选侯"号
Admiral Alfred von Tirpitz	阿尔弗雷德·冯·提尔皮茨
First Lord of the Admiralty	第一海军大臣
Winston Churchill	温斯顿·丘吉尔
European System	欧洲体系
Sebastopol	塞瓦斯托波尔
Crimean War	克里米亚战争
Alexander Mikhailovich Gortchakoff	亚历山大·米哈伊洛维奇·戈尔恰科夫
Congress of Berlin	柏林会议
Alexander II	亚历山大二世
Alexander III	亚历山大三世
Nicholas II	尼古拉二世
Hague Peace Conference	第一次海牙和平会议
Francis Drake	弗朗西斯·德雷克
Walter Raleigh	沃尔特·雷利
Siberia	西伯利亚
Central Asia	中亚

Tashkent	塔什干
Khiva	希瓦
Merv	梅尔夫
Penjdeh	彭杰德
Frederick Hamilton-Temple	弗雷德里克·汉密尔顿－坦普尔
Blackwood	布莱克伍德
Zulfikar	佐勒菲卡尔山口
Governor of Eastern	东西伯利亚总督
Mikhail Nikolayevich Muravyov	米哈伊拉·尼克勒维奇·穆拉维约夫
Vladivostock	符拉迪沃斯托克
Trans-Siberian Railway	西伯利亚铁路
Theodore Roosevelt	西奥多·罗斯福
Treaty of Portsmouth	《朴次茅斯条约》
Pyotr Stolypin	彼得·斯托利平
Duma	杜马
Mikhail Khilkov	米哈伊尔·奇尔科夫
Yulievich Seigei Witte	谢尔盖·尤利耶维奇·维特
Warsaw	华沙
Tobolsk	托博尔斯克
Tolstoi	托尔斯泰
Turgeniev	屠格涅夫
Dostolevsky	陀思妥耶夫斯基
František Palacký	弗兰基谢克·帕拉茨基
Habsurgs Austrians	奥地利哈布斯堡王室
Ruthenians	鲁塞尼亚人
Magyars	马扎尔人
Liechtensteins	列支敦士登家族
Wallensteins	华伦斯坦家族
Windisch-Graetz	温狄士格莱茨
Habsburg Empire	哈布斯堡帝国
Kingdom of Sardinia	撒丁王国
Congress of Paris	巴黎会议

Concert of Europe	欧洲协调
Kingdom of Italy	意大利王国
Rome	罗马
Vatican	梵蒂冈
Somaliland	索马里兰
Eritaea	厄立特里亚
Francesco Crispi	弗郎西斯科·克里斯皮
Abyssia	埃塞俄比亚
Oreste Baratieri	奥利斯特·巴拉蒂里
Adowa	阿杜瓦
Turkey	土耳其
Tripoli	的黎波里
Cyrenaica	昔兰尼加
Luigi Luzzatti	路易吉·鲁萨蒂
Lira	里拉
Conference of St.James	圣詹姆斯会议
Victor Emmanuel II	维克托·伊曼纽尔二世
Camillo Benso Conte Cavour	加富尔伯爵卡米洛·奔索
Pope Pius IX	教皇庇护九世
Humbert I	翁贝托一世
Triple Alliance	三国同盟
Victor Emmanuel III	维克托·伊曼纽尔三世
Giovanni Giolitti	乔瓦尼·乔利蒂
Charles XIII	卡尔十三世
Jean Baptiste Bernadotte	让·巴蒂斯特·贝纳多特
Charles XIV	卡尔十四世
Pontecorvo	蓬泰科尔沃
Oscar II	奥斯卡二世
Convention of Carlstad	《卡尔斯巴德公约》
Thirty Years War	三十年战争
Carlos de Borbón	卡洛斯·德·波旁
Alfonso XII	阿方索十二世

Queen Cristina	克里斯蒂娜王后
Práxedes Mariano Sagasta	普拉克萨德斯·马特奥·萨加斯塔
Martinez de Campos	马丁内斯·德·坎波斯
Alfonso XIII	阿方索十三世
Pascual Cervera Topete	帕斯夸尔·塞韦拉·托佩特
Emilio Aguinaldo	埃米利奥·阿奎纳多
General Leonard Wood	伦纳德·伍德将军
Melilla	梅利利亚
Riff	里夫
Battle of Mount Arruit	阿鲁伊山战役
Manuel Fernández Silvestre	曼纽尔·费尔南德兹·西尔韦斯特
Tafarauin	塔法罗音
Treaty of Paris	《巴黎条约》
Abdul Hamid II	阿卜杜勒·哈米德二世
Treaty of Berlin	《柏林条约》
Committee of Union and Progress	进步与统一委员会
Salonica	萨洛尼卡
Matt Ishmael Enver	马特·伊斯梅尔·恩维尔
Mohammed V	穆罕默德五世
Pasha	帕夏
Talaat	塔拉特
Haakon VII	哈康七世
Leopold I	利奥波德一世
Duke of Saxe-Coburg-Saalfeld	萨克森-科堡-萨尔费尔德公爵
Queen Victoria	维多利亚女王
Leopold II	利奥波德二世
Henry Morton Stanley	亨利·莫尔顿·斯坦利
Albert I	阿尔伯特一世
Orange-Nassau	奥兰治-拿骚家族
Prince of Orange	奥兰治亲王
William I	威廉一世
Grand Duke of Luxemburg	卢森堡大公

Wilhelmia	威廉明娜
Salic Law	《萨利克继承法》
Adolf	阿道夫
Amsterdam	阿姆斯特丹
Rotterdam	鹿特丹
Hugo Grotius	乌戈·赫罗齐厄斯
League of Nations	国际联盟
Federal Assembly	联邦议会
Internatinal Red Cross Society	国际红十字协会
Henri Dunant	亨利·杜南
Iberian Peninsula	伊比利亚半岛
Portugal	葡萄牙
Goa	果阿
Lourenco Marques	洛伦索马克斯
Maria II	玛丽亚二世
House of Braganza	布拉干萨王室
Carols I	卡洛斯一世
Queen Amelie	阿梅莉亚王后
Lisbon	里斯本
Manuel II	曼努埃尔二世
Eleftherios Venizelos	埃莱夫塞里奥斯·韦尼泽洛斯
Charilaos Tricoupis	查理劳斯·特里库皮斯
George I	乔治一世
Piedmontese	皮埃蒙特人
Belgrade	贝尔格莱德
Queen Draga	德拉加王后
Obrenovitch dynasty	卡拉格奥尔基王朝
Karageorgevitch dynasty	卡拉乔治维奇王朝
Peter I	彼得一世
Prince Nicolas	尼古拉大公
Milica of Montenegro	黑山的米莉卡
Anastasia of Montenegro	黑山的阿纳斯塔西亚

Peter Nikolaevich	彼得·尼古拉耶维奇
Nicholas Nikolaevich	尼古拉·尼古拉耶维奇
Elena of Montenegro	黑山的埃琳娜
Nicolas I	尼古拉一世
Sofia	索菲亚
Alexander of Batternberg	巴腾堡的亚历山大
House of Coburg	科堡家族
Ferdinand I	斐迪南一世
Danube	多瑙河
Hospodars	大公
Carol I	卡罗尔一世
Bucharest	布加勒斯特
Andorra	安道尔
Bishop of Urgel	乌格尔主教
Johann II	约翰二世
Apennines	亚平宁山脉
San Marino	圣马力诺
Monaco	摩纳哥
Grimald	格里马尔迪家族
Luxemburg	卢森堡
Leo XIII	利奥十三世
Pious XI	庇护十一世
Danubian Vilayet	多瑙河行省
Bosnia	波斯尼亚
Herzegovina	黑塞哥维纳
Cyprus	塞浦路斯
Gusinje	古西涅
Plava	普拉瓦
Port of Dulcigno	达尔奇诺港
Antivari	安提瓦里
Monte Carlo	蒙特卡洛
Eastern Rumelia	东鲁米利亚

Maritsa	马里查河
Philippopolis	菲利波波利
Stefan Stambolov	斯特凡·斯塔姆博洛夫
Big Bulgaria	大保加利亚
Benjamin Disraeli	本杰明·迪斯雷利
Battle of Slivnitsa	斯利夫尼察战役
Slivnitsa	斯利夫尼察
Reni	雷尼港
Ferdinand Maximilian	斐迪南·马克西米利安
Tirnovo	特尔诺沃
Chania	哈尼亚
Greco-Turkish war	希土战争
Eastern Concert	东部协调组织
Prince George	乔治王子
Alexandros Chaiimis	亚历山德罗斯·柴伊米斯
Armenia	亚美尼亚
Kurds	库尔德人
Young Turks	青年土耳其党
Reform of the Porte's regime	宪政改革
Adana	阿达纳
Macedonian Committee	马其顿委员会
Hetairia Philike	希腊友谊社
Carbonari	烧炭党
Styria	施第里尔
Murzsteg	米尔茨施泰格
District of Drama	德拉马地区
Serres	塞雷斯
Monastir	莫纳斯蒂尔
Skopje	斯科普里
Samos	萨摩斯
Young Turk Revolution	青年土耳其党人革命
Alois Lexa von Aehrenthal	阿洛伊斯·莱克萨·冯·埃伦塔尔

Libyan War	利比亚战争
Treaty of Lausanne	《洛桑条约》
Sanjak	桑扎克
Adrianople	阿德里安堡
Battle of Lule Burgas	吕莱布尔加兹战役
Chatalja	恰塔尔贾
Battle of Chatalja	恰塔尔贾战役
Edward Grey	爱德华·格雷
St.James's Palace	圣詹姆斯宫
Treaty of London	《伦敦条约》
Enos	埃内兹
Midia	米迪纳
Gallipoli	加里波利半岛
Sea of Marmora	马尔马拉海
Plevna	普列文纳
Treaty of Bucharest	《布加勒斯特条约》
Dedeagach	泽泽阿加赫
Triple Entente	三国协约
Gyula Andrássy	久洛·安德拉希
Tunis	突尼斯
Trent	特伦特
Trieste	的里雅斯特
Italia Irredenta	意大利沦陷区
Reinsurance Treaty	《再保险条约》
Franco-Russian Alliance	法俄同盟
Entente Cordiale	英法协约
Alexandre Ribot	亚历山大·里博
Nica Giers	尼卡·吉尔斯
Théophile Delcassé	泰奥菲勒·德尔卡塞
Louis Philippe I	路易·菲利普一世
Arabi Pasha	阿拉比帕夏
Bombardment of Alexandria	轰炸亚历山大港

Garnet Wolseley	加尼特·沃尔斯利
Battle of Tell El Kebir	泰勒凯比尔战役
Charles George Gordon	查尔斯·乔治·戈登
Joseph Simon Gallieni	约瑟夫·西蒙·加利埃尼
Edward VI	爱德华七世
Émile François Loubet	埃米勒·弗朗索瓦·卢贝
Henry Petty-Fitzmaurice	亨利·佩蒂－菲茨莫里斯
Newfoundland	纽芬兰
Siam	暹罗
Persia	波斯
Afghanistan	阿富汗
Pierre Paul Cambon	皮埃尔·保罗·康朋
Tangier	丹吉尔
Maurice Rouvier	莫里斯·鲁维埃
Crisis de Agadir	阿加迪尔危机
Fez	菲斯
Alfred von Kiderlen-Waechter	阿尔弗雷德·冯·基德伦－韦希特尔
David Lloyd George	大卫·劳合·乔治
Lord Richard Haldane	理查德·霍尔丹勋爵
Archduke Franz Ferdinand	弗朗茨·斐迪南大公
Sophie	苏菲
Sarajevo	萨拉热窝
Graf von Lerchenfeld-Köfering	格拉夫·冯·莱兴费尔德－克费林
European War	欧洲战争
World War	世界大战
Pact of London	《伦敦协约》
Anglo-Japanese Treaty of Alliance	《英日同盟条约》
Western Front	西线
Nieuport	尼乌波特
German High Command	德国最高统帅部
Plan Schlieffen	施里芬计划
Alfred von Schlieffen	阿尔弗雷德·冯·施里芬

Epinal	埃皮纳勒
Toul	图勒
French General Staff	法军总参谋部
Augustan Michel	奥古斯坦·米歇尔
French High Command	法国最高统帅部
Meuse	默兹河
Battle of Liège	列日战役
Otto von Emmich	奥托·冯·艾米赫
Girard Leman	吉拉德·莱曼
Sarrebourg	萨尔堡
Longwy	隆维
John French	约翰·弗伦奇
Mons	蒙斯
Alexander von Kluck	亚历山大·冯·克朗克
British High Command	英军最高统帅部
Charleroi	沙勒罗瓦
Sir John Moore	约翰·穆尔爵士
Corunna	科伦纳
Arras-Verdun Line	阿拉斯－凡尔登防线
Guise	吉斯
Bordeaux	波尔多
Joseph Simon Gallieni	约瑟夫·西蒙·加利埃尼
Senlis	桑利斯
Battles of Marne	马恩河战役
Aisne	埃纳河
Battle of Tannenberg	坦能堡战役
Paul von Hindenburg	保罗·冯·兴登堡
Antwerp	安特卫普
Dixmude	迪克斯梅德
Ypres Salient	伊普尔突出部
St.Mihiel	圣米歇尔
Armentieres	阿尔芒蒂耶尔

Soissons	苏瓦松
Belfort	贝尔福
Bale	巴塞尔
War of Trenches	堑壕战
First Battle of Ypres	第一次伊普尔战役
Karl von Clausewitz	卡尔·冯·克劳塞维茨
Neuve Chapelle	新沙佩勒
Loos	洛斯
Philip Petain	菲利普·佩坦
Noel de Castelnau	诺埃尔·德·卡斯特诺
Champagne	香槟
Central Powers	同盟国
Galicia	加利西亚
August von Mackensen	奥古斯特·冯·马肯森
Battle of Dunajetz	杜纳耶茨战役
Pripet Mashes	普里佩特沼泽
Pinsk	平斯克
Gallipoli Peninsula	加里波利半岛
Erich Von Ludendorff	埃里希·冯·鲁登道夫
Douglas Haig	道格拉斯·黑格
Somme Battles	索姆河战役
Aleksei Alekseevich Brussilov	阿列克谢·阿列克谢耶维奇·布鲁西洛夫
Wallachia	瓦拉几亚
Moldavia	摩达维亚
Alexandru Averescu	锡雷特河
Siret	亚历山德鲁·阿维雷斯库
Hindenburg Line	兴登堡防线
Theodore Roosevelt	西奥多·罗斯福
Walter Hines Page	沃尔特·海因斯·佩奇
Robert Georges Nivelle	罗伯特·乔治斯·尼维尔
Third Battle of Ypres	第三次伊普尔战役
Passchendaele	帕斯尚尔

Caporetto	卡波雷托
Venetian plain	威尼西亚平原
Piave	皮亚伟河
Peace of Brest-Litovsk	《布列斯特-立陶夫斯克和约》
Conference of Paris	巴黎和会
Second Battle of the Somme	第二次索姆河战役
Ferdinand Foch	斐迪南·福煦
Amiens	亚眠
Second Battle of the Marne	第二次马恩河战役
Battle of Vittorio Vento	维托里奥维内托战役
Mesopotamia	美索不达米亚
Palestine	巴勒斯坦
George Catlett Marshall	乔治·卡特莱特·马歇尔
Edmund Allenby	埃德蒙·艾伦比
Armistice of Mudros	《穆兹罗斯停战协定》
German High Seas Fleet	德国大洋舰队
Battle of Jutland	日德兰海战
Battle of Coronel	科罗内尔海战
Christopher Cradock	克里斯托弗·克拉多克
Battle of Falkland Islands	福克兰群岛海战
Doveton Sturdee	多夫顿·斯特迪
Declaration of Paris	《巴黎海战宣言》
International Sea Law	《国际海洋法》
Prize Court	战利品法庭
Brussels	"布鲁塞尔"号
Charles Fryatt	查尔斯·弗雷亚特
Lusitania	"卢西塔尼亚"号
Hague Conventions	海牙会议
Boortmeerbeek	博尔特梅尔贝克
Louvain	鲁汶
Rue Louis Melsen	路易梅尔森路
Statue of Van der Weyer	斯勒温·万德威尔雕像

Zamines	扎米内斯村
Encyclopedia Britannica	《大不列颠百科全书》
Edith Cavell	艾迪丝·卡维尔
Jean Baptiste Eugène Estienne	让·巴普蒂斯特·欧仁·艾蒂安
Louvre	勒阿弗尔
Times	《泰晤士报》
Daily Mail	《每日邮报》
Alfred Harmsworth	阿尔弗雷德·哈姆斯沃思
Berne	伯尔尼
Sixtus of Bourbon-Parma	波旁-帕尔马的西克斯图斯
Rudolf Erdődy	阿道夫·埃尔德迪
Ottokar Czernin	奥托卡尔·切尔宁
Jan Christiaan Smuts	扬·克里斯蒂安·史末资
Treaty of Versailles	《凡尔赛和约》
Hedjaz	希贾兹
Bolivia	玻利维亚
Ecuador	厄瓜多尔
Guatemala	危地马拉
Honduras	洪都拉斯
Nicaragua	尼加拉瓜
Panama	巴拿马
Peru	秘鲁
Uruguay	乌拉圭
Eduard Benes	爱德华·贝奈斯
Ignacy Jan Paderewski	伊格纳奇·扬·帕德雷夫斯基
Avenue Kleber	克勒贝尔大街
Hotel Majestic	美琪大酒店
Place de la Concorde	协和广场
Hotel Crillon	克利翁酒店
Place des Etats-Unis	美利坚广场
Quai d'Orsay	奥赛堤岸
French Foreign Office	法国外交部

Arthur Balfour	阿瑟·贝尔福
Sidney Sonnino	西德尼·桑尼诺
Vittorio Emanuele Orlando	维托里奥·埃曼努尔·奥兰多
Lord Robert Cecil	罗伯特·塞西尔勋爵
Leon Bourgois	莱昂·布儒瓦
Covenant of the League of Nations	《国际联盟盟约》
Eupen	奥伊彭
Malmedy	马尔梅迪
Major Crusius	克鲁西亚斯少校
Llandovery Castle	"兰德福瑞城堡"号
Oder	奥得河
Niemen	尼门河
Treaty of St.Germain	《圣日耳曼条约》
Treaty of the Trianon	《特里亚农条约》
Transylvania	特兰西瓦尼亚
Banat of Temesvar	蒂米什瓦拉德班纳特
Treaty of Neuilly	《纳伊条约》
Treaty of Sevres	《色佛尔条约》
Lithuania	立陶宛
Latvia	拉脱维亚
Estonia	爱沙尼亚
Ukraine	乌克兰
Bessarabia	比萨拉比亚
Georgia	格鲁吉亚
Petrograd	彼得格勒
Duke Michael	米哈伊尔大公
Pavel Miliukov	帕维尔·米留科夫
Alexander Fyodorovich Kerensky	亚历山大·费奥多罗维奇·克伦斯基
Nikolay Nikolayevich Dukhonin	尼古拉·尼古拉耶维奇·杜赫宁
Lenin	列宁
Zimmerwald	齐美尔瓦尔德
Friedrich Engels	弗里德里希·恩格斯

Mikhail Bakhunin	米哈伊尔·巴枯宁
All Russian Assembly	全国代表大会
All Russian Congress of Soviet	全俄苏维埃代表大会
People's Commissaries	人民委员会
Constituent Assembly	制宪议会
Soviet Constitution	苏维埃宪法
Council of Ten	十人会议
Ekaterinburg	叶卡捷琳堡
Alexandre Koltchak	亚历山大·高尔察克
Anton Denikin	安东·邓尼金
Brest-Litovsk	布列斯特－立陶夫斯克
Omsk	鄂木斯克
Don	顿河
Odessa	敖德萨
Dwina	德维纳河
William Edmund Ironside	威廉·埃德蒙·艾恩赛德
Peter Wrangel	彼得·弗兰格尔
Polish-Russian War	波俄战争
Battle of the Vistula	维斯瓦河战役
Józef Klemens Piłsudski	约瑟夫·克莱门斯·毕苏斯基
Maxime Weygand	马克西姆·魏刚
Tikhon	吉洪
Georg Michaelis	格奥尔格·米夏埃利斯
Georg von Hertling	格奥尔格·冯·赫特林
Max von Baden	马克斯·冯·巴登
Friedrich II	弗里德里希二世
Zimmermann	奇默尔曼
Workers and Soldiers Councils	工人与士兵委员会
Carlsruhe	卡尔斯鲁厄
Friedrich Ebert	弗里德里希·艾伯特
Count Bentinck	本廷克伯爵
Castle of Armerongen	阿梅隆根城堡

Zuyder Zee	须德海
Island of Wieringen	威林根岛
Philip Scheidemann	菲利普·沙伊德曼
Otto Landsberg	奥托·兰茨贝格
Hugo Haase	胡戈·哈泽
Wilhelm Dittmann	威廉·迪特曼
Rosa Luxemberg	罗莎·卢森堡
Spartacist League	斯巴达克同盟
Guatav Noske	古斯塔夫·诺斯克
Walther von Lüttwitz	沃尔泽·冯·吕特维茨
National Assembly	国民议会
Weimar	魏玛
Thuringia	图林根州
Hugo Preuß	胡戈·普鲁斯
Wolfgang Kapp	沃尔夫冈·卡普
Stuttgart	斯图加特
Essen	埃森
Frankfort	法兰克福
Upper Silesia	上西里西亚
JKarl Joseph Wirth	卡尔·约瑟夫·沃斯
Boulogne Conference	布洛涅会议
Duisburg	杜伊斯堡
Ruhrort	鲁洛特
Dusseldorf	杜塞尔多夫
London Schedule	伦敦计划
Bonar Law	博纳·劳
Jean Degoutte	让·德古特
George Nathaniel Curzon	乔治·纳撒尼尔·寇松
Sir Stanley Baldwin	斯坦利·鲍德温爵士
Gustav Stresemann	古斯塔夫·施特雷泽曼
Fiume	阜姆
Dalmatia	达尔马提亚

Adriatic Treaty	《亚得里亚海条约》
Pact of Rome	《罗马协定》
Francesco Nitti	弗朗西斯科·尼蒂
Gabrielle d'Annunzio	加布里埃尔·邓南遮
Georges Guynemer	乔治·吉内梅
Giovanni Giolitti	乔瓦尼·乔利蒂
Treaty of Rapallo	《拉帕洛条约》
Zara	扎拉
Pescara	佩斯卡拉
Benito Mussolini	贝尼托·墨索里尼
Lombardy	伦巴第
Piedmont	皮埃蒙特
Fascisti	法西斯党
Levellers	平等派
Luigi Facta	路易吉·法克塔
Çanakkale	恰纳卡莱
Armistice of Mudros	《蒙德罗斯停战协定》
Mohammed VI	穆罕默德六世
Anatolia	安达托利亚
Angora	安哥拉
Grand National Assembly	大国民议会
Mustapha Kemal	穆斯塔法·凯末尔
Constantine I	康斯坦丁一世
Sakaria River	萨卡里卡河
Kütahya–Eskişehir	库塔哈埃斯克塞尔
George II	乔治二世
Dimitrios Gounaris	季米特里奥斯·古纳里斯
Georgios Hatzianestis	乔治斯·哈泽亚尼斯提斯
Malta	马耳他
Abdul Medjid	阿卜杜勒·迈吉德
Charles Harington	查尔斯·哈林顿
Armistice of Mudania	《穆达尼亚停战协定》

Lausanne	洛桑
Horace Rumbold	霍勒斯·朗博尔德
Ismet Inönü	伊斯麦特·伊诺努
Maritza	马里查河
Karagach	卡拉加奇
Treaty of Lausanne	《洛桑条约》
Aga Khan III	阿加汗三世
Heinrich von Treitschke	海因里希·冯·特赖奇克
Leon Daudet	莱昂·都德
Alphonse Daudet	阿尔丰斯·都德
L'Action Franqaise	《法兰西行动》
Languedoc	朗格多克
Vendée	旺代
Brittanny	布列塔尼
Les Camelots du Roi	国王的卡美洛
L'Entente Republicaine Democratique	民主共和联盟
Guy de Lasteyrie	盖伊·德·拉斯泰里
Édouard de Castelnau	爱德华·德·卡斯泰诺
Theophile Delcasse	泰奥菲勒·德尔卡斯
Charles Jonnart	夏尔·若纳尔
Maurice Barre	莫里斯·巴雷
Alexandre Millerand	亚历山大·米勒兰
Andre Tardieu	安德烈·塔迪厄
Forgeot	傅安德
Bloc National	民族集团
Joseph Caillaux	约瑟夫·卡约
Edward Herriot	爱德华·赫里欧
Jean Jaurès	让·饶勒斯
Joseph Paul-Boncour	约瑟夫·保罗－邦库尔
Warren G. Harding	沃伦·G.哈定
Charles Evans Hughes	查尔斯·埃文斯·休斯
Tyrol	蒂罗尔

Ernest Satow	恩斯特·萨道义
Ernest Lavisse	恩斯特·拉维斯
Alfred Nicolas Rambaud	阿尔弗雷德·尼古拉·朗博
Habsburg Monarchy	《哈布斯堡王朝》
Wilhelm Oechsli	威廉·厄克斯勒
John Buchan	约翰·巴肯
Times History of the War	《泰晤士战争史》